现代职业院校治理结构研究

盖馥 李哥 著

北京理工大学出版社
BEIJING INSTITUTE OF TECHNOLOGY PRESS

版权专有 侵权必究

图书在版编目（CIP）数据

现代职业院校治理结构研究 / 盖馥，李哥著. --北京：北京理工大学出版社，2023.6

ISBN 978-7-5763-2464-8

Ⅰ. ①现… Ⅱ. ①盖… ②李… Ⅲ. ①高等职业教育-学校管理-研究-中国 Ⅳ. ①G718.5

中国国家版本馆 CIP 数据核字（2023）第 105932 号

出版发行 / 北京理工大学出版社有限责任公司
社　　址 / 北京市海淀区中关村南大街 5 号
邮　　编 / 100081
电　　话 /（010）68914775（总编室）
　　　　　（010）82562903（教材售后服务热线）
　　　　　（010）68944723（其他图书服务热线）
网　　址 / http：//www.bitpress.com.cn
经　　销 / 全国各地新华书店
印　　刷 / 三河市华骏印务包装有限公司
开　　本 / 787 毫米×1092 毫米　1/16
印　　张 / 10.25　　　　　　　　　　　　　　　责任编辑 / 孟祥雪
字　　数 / 206 千字　　　　　　　　　　　　　　文案编辑 / 孟祥雪
版　　次 / 2023 年 6 月第 1 版　2023 年 6 月第 1 次印刷　责任校对 / 周瑞红
定　　价 / 79.00 元　　　　　　　　　　　　　　责任印制 / 施胜娟

图书出现印装质量问题，请拨打售后服务热线，本社负责调换

作者简介一：盖馥（1980年—），女，辽宁大连人，教育学硕士研究生，研究员，大连职业技术学院（大连开放大学）质量监督管理处绩效考核办主任，从事职业教育专职研究工作16年，在省级以上刊物发表论文30余篇，主持省级以上课题10余项，主要研究领域有职业教育现代学徒制、产教融合、专业建设、课程建设、体制机制等。

作者简介二：李哥（1971年—），女，教育学硕士研究生，讲师，大连职业技术学院（大连开放大学）产学研协作办公室干事，从事校企合作管理15余年，在省级以上刊物发表论文5篇，参与课题10余项，主要研究领域为职业教育产教融合、校企合作、集团化办学。

著作简介：本书主要分四篇，即现代职业院校内部治理篇、现代职业院校外部治理篇、职业教育集团治理篇和产业学院治理篇共十章。以系统论、博弈论、利益相关者理论、资源依赖理论为基础开展研究，借鉴历史并汲取现代职业院校治理的国内外经验，对现代职业院校内涵进行理论上创新；并从实践上，探索了现代职业院校内部治理结构优化、外部治理结构优化、职业教育集团化治理和产业学院治理结构的理想状态与正确路径，对职业院校治理结构与治理能力现代化提供理论与实践参考。

基金项目：2020年大连职业技术学院（大连开放大学）科研创新基金项目"优质时代高职院校治理机制建设研究（编号：2020CXJJ01），主持人盖馥。
大连职业技术学院（大连开放大学）2021学术著作出版资助

前　　言

职业院校治理水平现代化是国家治理水平现代化的重要组成部分，是职业院校内涵建设的重要内容，也是职业院校高质量发展的重要标志和重要保障。回顾职业院校内部治理所走过的历史，长期以来一直处于学习以前本科院校内部治理模式阶段，采用层级、垂直式管理模式，职业教育类型特色彰显不足。国家特色高校建设以来，职业院校内部治理理念、方式、手段等都发生了转变，主要表现在治理理念由封闭走向开放，治理主体由一元走向多元，治理内容由碎片化走向系统化，治理手段趋向现代化，等等。因此，适应职业院校内涵建设的需要，职业院校要重构内部治理体系，为高质量发展提供保障与支持。

职业院校治理结构的研究是落实国家关于职业院校治理的重要举措。职业院校治理结构与治理能力现代化是国家治理结构与治理能力现代化的重要内容。2013年以来，十八届三中全会首次提出要推进国家治理结构和治理能力现代化，之后国家及相关政府部门关于院校治理的文件不断出台，从扩大办学自主权，完善院校内部治理结构—完善现代职业院校制度，提升治理能力—完善校企合作的现代职业院校治理结构—完善校长负责制、民主参与、监督等五大机制—完善内部治理结构—健全内部治理体系，完善以章程为核心的现代职业院校制度体系，形成院校自主管理、自我约束的体制机制，推进治理能力现代化—从健全职业教育标准体系、完善办学质量监管评价机制等方面开展职业教育治理能力提升行动。一系列的文件，对职业院校治理结构指导由宏观到具体，将职业院校治理能力提升落到实处，为职业院校治理结构研究与实践指明了方向。职业院校治理结构有普适的、内在的运行规律，但是每个院校的实际也有所不同，在实践中要结合学校具体的校情进行深入研究和开展有针对性的实践路径。

从职业院校实践来说，以专业群为核心的改革，带来了组织形式的变革和以群建院的需求；连年扩招学生数量增多和办学规模的扩大，催生了实行完全二级管理的要求；产教融合所带来的产业学院、职业教育集团等办学组织形式与实体，促使职业教育办学主体多元化，等等。现有治理模式已不能完全适应职业院校内涵建设的需要，需要进一步健全职业院校治理体系，并在体现职业教育类型特色的基础上，通过转变治理理念实行多中心治理，利用现代技术手段推进现代化治理，建立以专业群为核心的治理机制等策略重构现代职业院校治理结构，推进职业院校治理体系建设与治理能力的现代化。

介于政策、实践及职业院校内部治理结构的运行规律，融合个人以前在现代职业院校治理结构方面的研究基础，联合学校产学研处教师以凸显职业院校治理的特点，选取现代职业院校治理结构这个课题进行深入研究。本书主要分为四篇，即现代职业院校内部治理篇、现代职业院校外部治理篇、职业教育集团治理篇、产业学院治理篇，共十章。前两篇为内部治理篇、外部治理篇，共四章，由盖馥撰写，在借鉴国内外职业院校治理模式、经验的基础上，以系统论、博弈论、利益相关者理论为指导，构建了职业院校内部治理结构与外部治理结构的模型；第五章至第九章为职业教育集团治理篇，第十章为产业学院治理篇，由李哥撰写，其借鉴了国外职业教育集团治理的特点，融合了国内职业教育集团治理经验与案例(《全国职业教育集团化办学典型案例汇编（2017年)》)，对职业教育集团治理提出了自己独到的见解，并在对产业学院治理困境分析基础上，提出了产业学院治理完善的策略与路径。

现代职业院校治理结构研究历时四年之久，不仅是一个文本编写的过程，还是一个认识不断提升、理念不断转变的过程，更是一个理想框架构建和实践探索的过程。期望通过本书的编写，能够对职业院校外部治理的理想状态进行构想，对内部治理结构优化进行实践指导与探索，促进职业院校内部治理与外部治理之间的协同，为推进职业院校治理结构完善和实现治理能力现代化提供可操作的实践路径。由于本人学识与实践经验有限，书中难免会有疏漏之处，恳请广大读者批评指正。其中思之未深、悬而不决的问题愿与广大职业教育同人共同探讨和深入研究，为职业院校治理能力提升贡献微薄之力。

著　者

目　录

第一章　概论 …………………………………………………………………… 001
　　第一节　研究背景与意义 ……………………………………………………… 001
　　第二节　研究相关理论 ………………………………………………………… 003

现代职业院校内部治理篇

第二章　现代职业院校内部治理结构 …………………………………………… 009
　　第一节　现代职业院校内部治理结构简介 …………………………………… 009
　　第二节　现代职业院校内部治理结构国际借鉴 ……………………………… 014
　　第三节　台湾省致理科技大学内部治理的经验 ……………………………… 016
　　第四节　现代职业院校内部治理结构冲突与均衡 …………………………… 022

第三章　优质校建设下职业院校内部治理结构优化的行动路径 ……………… 028
　　第一节　优质校建设职业院校内部治理结构的历史嬗变 …………………… 028
　　第二节　国内优质校内部治理结构优化的案例 ……………………………… 032
　　第三节　优质校建设背景下职业院校内部治理水平提升策略 ……………… 035
　　第四节　职业院校完全二级管理模式的构建 ………………………………… 038

现代职业院校外部治理篇

第四章　现代职业院校外部治理结构 …………………………………………… 049
　　第一节　现代职业院校外部治理结构及其角色定位 ………………………… 049
　　第二节　现代职业院校外部治理结构优化与路径 …………………………… 052
　　第三节　现代职业院校外部治理结构理想状态与策略 ……………………… 055

职业教育集团治理篇

第五章　职业教育集团治理的理论基础 ············· 059
　　第一节　职业教育集团内涵及特点 ············· 059
　　第二节　治理概念与治理理论 ············· 062

第六章　国外职业教育集团化办学治理研究 ············· 071
　　第一节　德国 ············· 071
　　第二节　美国 ············· 073
　　第三节　英国 ············· 074
　　第四节　澳大利亚与荷兰 ············· 075
　　第五节　国外职业教育集团化办学治理经验与启示 ············· 077

第七章　职业教育集团治理依据及相关研究 ············· 079
　　第一节　职业教育集团治理概述 ············· 079
　　第二节　职业教育集团多元治理主体 ············· 083

第八章　职业教育集团治理问题、归因及对策 ············· 089
　　第一节　职业教育集团治理问题与归因 ············· 089
　　第二节　职业教育集团治理的对策与建议 ············· 098

第九章　职业教育集团治理实践创新经典案例 ············· 118
　　第一节　非法人与法人职业教育集团实践创新经典案例 ············· 118
　　第二节　职业教育集团治理实践创新经典案例 ············· 120

产业学院治理篇

第十章　职业教育产业学院治理结构 ············· 127
　　第一节　产业学院治理概述 ············· 127
　　第二节　产业学院治理困境与对策 ············· 132

参考文献 ············· 140

第一章

概论

第一节 研究背景与意义

一、研究背景

（一）政策背景

十八届三中全会首次提出要推进国家治理体系和治理能力现代化，2013年11月12日《中共中央关于全面深化改革若干重大问题的决定》中指出深入推进管评办分离，扩大省级政府教育统筹权和学校办学自主权，完善学校内部治理结构（总的要求）。

2014年6月23日《国务院关于加快发展现代职业教育的决定》（国发〔2014〕19号）中指出完善现代职业院校制度，职业院校要依法制定体现职业教育特色的章程与制度，完善治理结构，提升治理能力。

2014年6月27日《现代职业教育体系建设规划（2014—2020年）》中指出，要完善校企合作的现代职业院校治理结构。通过行业、企业和社区参与职业院校治理，完善体现职业教育特色的职业院校章程和制度，制定符合职业教育特点的校长（院长）任职资格标准等路径。

2014年7月8日国家教育体制改革领导小组办公室《关于进一步落实和扩大高校办学自主权、完善高校内部治理结构的意见》（教改办〔2014〕2号）及有关规定从落实党委领导下的校长负责制、完善校内民主管理和监督机制、保障学术权力独立行使、健全社会参与监督机制、健全规范行使办学自主权的制度体系五大方面，就如何完善高校内部治理结构提出具体的指导意见。

2015年5月4日《教育部关于深入推进教育管评办分离促进政府职能转变的若干意见》（教政法〔2015〕5号）提出总的目标，到2020年，基本形成政府依法管理、学校依法自主办学、社会各界依法参与和监督的教育公共治理新格局。

2015年9月17日教育部《职业院校管理水平提升行动计划（2015—2018）》（教职成〔2015〕7号），明确要通过6大行动20项重点任务（简称"620"行动），来推进职业教育治理能力的现代化。这一行动计划使职业教育相关制度规范和政策法规全面落地，让我们看到加强职业院校治理，已经开始并真正成为职业教育界的共同行动。

教育部、财政部《关于实施中国特色高水平高职学校和专业建设计划的意见》（教职成〔2019〕5号）将"提升学校治理水平"作为一项重要任务来抓。文件指出，"健全内部治理体系，完善以章程为核心的现代职业学校制度体系，形成学校自主管理、自我约束的体制机制，推进治理能力现代化。健全职业院校、行业协会、企业、社区等共同参与的学校理事会或董事会，发挥咨询、协商、议事和监督作用。设立校级学术委员会，统筹行使学术事务的决策、审议、评定和咨询等职权。设立校级专业建设委员会和教材选用委员会，指导和促进专业建设和教学改革。发挥教职工代表大会作用，审议学校重大问题。优化内部治理结构，扩大二级院系管理自主权，发展跨专业教学组织。"

教育部等九部门关于印发《职业教育提质培优行动计划（2020—2023年）》的通知在第六条中指出，实施职业教育治理能力提升行动，从健全职业教育标准体系、完善办学质量监管评价机制、打造高素质专业化管理队伍三个方面提出了治理能力提升行动的具体路径。

从以上文件可以看出，职业院校治理结构政策由宏观到微观，由理论到具体实践和行动，逐步推进，层层落实，体现了国家教育部门对推进职业院校治理结构优化、实现治理能力现代化的决心与使命。

（二）实践背景

职业院校治理结构分为内部治理结构和外部治理结构，当然随着产教融合的深入，职业教育集团（联盟）作为介于内、外治理结构之间的中间地段和一种松散型的组织，也在职业院校治理中扮演一定的角色，从实践来看，职业院校治理主要存在以下问题：

1. 职业院校外部治理结构存在的问题

职业院校外部治理结构存在这样的问题：横向条块分割式管理缺少互动，多头管理，各自为政需要从体制上进行理顺；企业、行业等各利益相关者参与职业教育的职责不清，缺少利益制衡机制，主体作用得不到充分发挥，主要表现在校长选聘、专业招生、专业设置与调整、人事管理、收入分配等方面缺少自主权。

2. 职业院校内部治理结构存在的问题

职业院校内部治理结构的问题主要表现在学术权力、行政权力、民主监督等之间的矛盾。主要有学术权力与行政权力失衡，表现在行政权力超越了学术权力；民意、监督、评价系统的缺失，民主决策体系失灵，促使权力不能在阳光下运行；专业建设自主权相对较小，限制了专业发展的活力等。

3. 职业教育集团治理存在的问题

职业教育集团作为一种松散型的组织，存在集而不团的现象，从现有实践来看已形成了组织，建立章程，但是在实际运作中，责、权、利的界限不明晰，尤其是企业在集团中的利益得不到补偿，致使职业教育集团的治理效用不够突出，在人才培养中共赢效果不够明显。

二、研究意义

1. 促进职业教育体制机制创新

国家颁布了一系列政策文件从宏观到微观，从政策到行动，可见国家对完善职业院校治理结构与治理能力现代化的决心；有必要从宏观上进行研究，形成良好的职业教育治理环境，促进职业教育发展，明确不同主体的治理角色，形成多元利益主体共同治理。因此，职业院校治理结构与治理能力现代化的研究是适应国家体制、教育体制改革对职业教育提出的新要求，也是职业教育适应教育现代化的必然选择。

2. 解决当前职业教育治理中存在的实际问题

从实践上也可看出职业院校治理结构所存在的外部和内部问题以及职业教育集团治理问题，影响了职业教育和院校的可持续发展，因此，职业院校治理结构研究是解决当前职业院校内外部治理结构和集团化办学存在问题的有效路径，本书就是通过理论与实践研究构建理想化的治理结构框架，以实现职业院校治理结构的优化，推进职业院校治理能力的现代化。

研究主要特色与创新之处：

1. 理论研究视角的创新

理论研究视角的创新，总体上在系统论的研究基础上进行创新，将现代职业院校治理结构分为内部治理结构与外部治理结构两个小系统。在此基础上，研究内部治理结构依据演化博弈论对内部治理的几种权力关系和冲突进行深入分析，在解决冲突中寻找内部治理结构优化的理想框架与实现路径；研究外部治理结构运用利益相关者理论对职业院校外部治理的参与主体、责任及利益进行深入剖析。在研究职业教育集团治理结构中主要依据资源依赖理论和利益相关者理论，最大程度发挥要素的互动作用，最大程度实现职业教育集团利益相关者的利益，优化治理结构。综合运用多种理论是本研究最大的特色和创新点。

2. 实践意义的创新

实践意义的创新，是在调查分析基础上，借鉴国内外职业院校治理和集团治理的经验，立足于实践当中的实际问题和共性问题进行研究与分析，构建职业教育内部治理、外部治理及集团化治理的理想模型，对职业院校具有一定的普适性与指导性。

第二节 研究相关理论

一、现代职业院校治理结构与治理能力现代化内涵

对职业院校治理结构与治理能力现代化内涵进行界定：

（1）现代。

在这里，"现代"是一个超越了时间状态的概念。它除了指时间上的"当前""现在"

等状况之外，还蕴含着当前、现在的事物或状况比以往更新、更好、更先进、更优越的意思。现代职业院校治理结构现代化体现在包括新型的更紧密的政校企行关系，适应当前社会或者说现代社会发展需要，以先进的现代教育观和现代企业管理观为指导。

（2）现代职业院校。

职业教育作为一种独特教育类型，在培养目标和价值取向上有不同于其他类型教育的特点，主要培养技术技能人才。笔者认为，从大职教观出发，现代职业院校是根据工业社会、知识社会及知识社会以后的社会发展的需要，有目的、有计划、有组织地对人进行教育，主要培养技术技能人才的社会组织。

（3）管理与治理。

技术进步与产业升级带来经济转型，人们对职业教育的需求和利益诉求发生了变化，如何满足人们对职业教育多元化的需求，为更多人接受职业教育提供均等的机会，教育管理理念与策略必须进行升华与调整，实现由管到治的转变，实现垂直管理到平行管理、一元管理到多元治理的转变，构建扁平式的治理结构。

（4）现代职业院校治理结构。

学术界关于职业院校治理结构的研究有不同的观点，张维迎提出，"大学的目标和理念一定要通过一整套的制度安排来实现，这些制度安排就是治理结构"。学者赵成和陈通指出，大学治理结构包括内部治理结构和外部治理结构两大部分，大学目标的达成需要具备与之相匹配的治理结构，通过厘清利益相关者之间的关系，采取措施对利益相关者的行为加以制约，使得与大学目标的旨意相一致。

根据以上解读，笔者认为现代职业院校治理结构是能够适应向知识社会转轨及知识社会形成以后的社会发展需要，以新型的政府、职业院校、企业、行业协会关系为基础，以现代教育观和现代企业管理观为指导，学校依法民主、自主管理，能够促进形成学生、教职工、学校、学校与所在区域经济协调和可持续发展的一套完整的治理结构。

现代职业院校治理结构体现的是政府、职业院校、企业和行业协会关系，主要包括两个层面的意义：一个层面是广义上的政府与职业院校关系的外部治理结构；另一个层面是职业院校内部的治理结构。此外，介于内外部中间地带的职业教育集团化治理，职业教育产教融合新组织形式——产业学院治理也是职业院校治理能力提升的重点与关键。

（5）职业院校治理结构与治理能力现代化。

职业院校治理是公共治理理论在职业教育领域的具体应用，是以现代教育观和现代企业治理观为指导的。从利益相关者理论来说，职业院校治理结构是以政府、职业院校、行业、企业、社会力量等利益相关者的新型的共生关系为基础，保证职业教育持续健康发展的一套系统的组织与制度安排，主要包括广义层面的外部治理结构和狭义层面的内部治理结构。前者体现的是职业院校、机构与社会的关系，后者体现的是职业院校内部各利益相关者（学生、教师等）的关系。治理能力现代化主要指治理的理念由管理到治理；治理的主体由一元到多元；治理的方式由层级垂直式到平行互动式，由依靠行政指令到多元利益相关者协商；治理的技术与手段由传统到现代，依靠现代化信息技术进行。

二、现代职业院校治理结构优化的理论基础

1. 利益相关者理论

弗里曼《战略管理：利益相关者管理的分析方法》中详细分析了利益相关者管理理论，利益相关者管理理论是指经营管理者为综合平衡各个利益相关者的利益要求而进行的管理活动。利益相关者是影响组织决策、行动和目标实现的所有组织和个体。利益相关者理论主要观点是，利益相关者的参与管理与投入，促进了组织向前发展，而组织要多形成良性发展的生态，关键就是要协调利益相关者诉求，平衡各方利益。现代职业院校同样是一个社会组织，它的利益相关者有内部和外部之分，内部利益相关者主要有学校、教师、学生等，外部利益相关者主要有政府、行业、企业、科研院所、社会力量等。现代职业院校治理结构建造本质就是要配置权利和机制协调这些利益相关者的整体利益，以满足他们各自的需求，实现职业院校发展。因此，职业院校的治理是利益相关者利益的集合与共同体，有必要借鉴利益相关者理论精华来优化和分析职业院校的外部治理结构。

2. 系统科学理论

贝塔朗菲对系统的定义："系统是处于相互作用中的要素的复合体。"钱学森对系统的定义："系统是由相互作用和相互依赖的若干组成部分结合而成的具有特定功能的有机整体，而且这个系统本身又是它所属的一个更大系统的组成部分。"系统科学理论包括信息论、控制论等，从系统论得到的启示是，要把事物当作一个整体来看待，关注各子系统之间动态的互动关系，共同发挥系统的合力作用。从现代职业院校内部治理结构来说，包括学校组织系统、决策系统、执行系统、监督系统、评价系统等。从现代职业院校外部治理结构来说，包括各级的决策系统、执行系统等。因此，现代职业院校治理结构作为一个中间组织，本身是一个整体、一个大系统，包括不同角度的小系统，现代职业院校治理结构优化就是要处理好各个子系统和大系统之间的协作关系，以更好地实现职业教育的功能。

3. 博弈论

博弈论是研究在相互影响与互动社会活动关系中，怎样做出合理选择和决策的一种理论，是分析制度产生与变迁的重要方法，和新制度研究方法较为相似。20世纪90年代以后，人们开始运用博弈论这种工具来研究制度的变迁和演化，因此在传统博弈论的基础上，出现了演化博弈论。最早利用其研究和分析制度变迁的是奥地利经济学家斯科特。他认为，制度是一种博弈参与人的均衡解，是均衡的结果，一种制度是一个博弈模型的均衡结果，但并非每一个均衡结果或均衡模式都是一种制度，制度的变迁是行为人通过不同的策略最大化其收益的结果。传统博弈论与演化博弈论是有本质上的区别的，传统的博弈论中每个博弈方之间是具有共同知识的，是在完全理性、信息对称的条件下进行博弈决策；演化博弈论强调每个博弈方之间是在有限理性或者叫不完全理性的前提下进行决策的。演化博弈的优势在于更接近于实际现实，因为在现实生活中，博弈参与人并不是完全知道对

方所处的状态，不可能在完全信息和理性的条件和前提下进行决策。因此，和传统博弈论相比，演化博弈论研究制度更强调的是制度的变迁，是一个不断演进、不断达到相对稳定的博弈过程，这是一个不断优化和改进的过程，最终达到的理想状态就是纳什均衡状态。因此，为了使制度更好地服务于现实需要，变得更为有效、科学和合理，需要在传统博弈论基础上，用演化博弈论的方法进行研究和分析。

博弈论主要分为合作博弈和非合作博弈。合作博弈和非合作博弈的区别在于相互发生作用的当事人之间有没有一个具有约束力的协议。用演化博弈论来分析现代职业院校内部治理的实质是不同权力主体和权力之间的一场合作博弈，其内部权力的博弈关系决定了现代职业院校内部治理结构的形态最终要形成稳定的博弈结果，即纳什均衡状态或者叫现代职业院校内部治理的最优状态，也是不同权力主体利益的均衡点和权力配置的最佳状态。

三、现代职业院校内部权力博弈分析与均衡解

根据系统论，现代职业院校治理结构分为内部和外部两个层面，现代职业院校内部治理，是在产权与所有权分离的条件下，规范不同权力主体责任、权利与义务关系的一系列制度安排的总和。制度是现代职业院校内部治理的核心，通过新型的、更紧密的、互动的关系达到均衡状态是现代职业院校内部治理结构现代化的一个重要体现，也是现代职业院校由管理走向治理的一个重要标志。2014年7月8日国家教育体制改革领导小组办公室《关于进一步落实和扩大高校办学自主权、完善高校内部治理结构的意见》（教改办〔2014〕2号）及有关规定从落实党委领导下的校长负责制、完善校内民主管理和监督机制、保障学术权力独立行使、健全社会参与监督机制、健全规范行使办学自主权的制度体系五大方面，就如何完善高校内部治理结构提出具体的指导意见。因此，在这样背景下，分析现代职业院校内部治理结构的权力组成、博弈冲突及权力博弈实现纳什均衡的路径，对优化现代职业院校治理结构、推进现代职业院校治理水平的现代化具有十分重要的意义和价值。

现代职业院校
内部治理篇

第二章
现代职业院校内部治理结构

第一节　现代职业院校内部治理结构简介

一、现代职业院校内部治理结构内涵

现代职业院校内部治理结构体现的是现代职业院校内部的结构和权力配置关系的一系列制度安排的总和。

二、现代职业院校内部治理结构特点

1. 主体多元

现代职业院校内部治理主体多元性主要源于其跨界属性。职业院校职能发生变化，从人才培养到人才培养与职业培训并重，从院校举办职业教育为主到鼓励社会力量和中介组织兴办职业教育，职业院校的利益相关者也发生了变化，除了教师、学生是职业院校发展的直接利益相关者外，政府、企业、行业、社区等也成为潜在的利益相关者。2017年国务院《关于深化产教融合的若干意见》（国办发〔2017〕95号）鼓励职业学校探索股份制、混合所有制改革，允许企业通过资本、技术等要素参与办学并享有一定的权利。2019年《国家职业教育改革实施方案中》鼓励有条件的大型企业举办职业教育。职业院校、企业、行业、教师、学生、家长都成为现代职业院校内部治理结构主体，也是内部治理的利益相关者。

2. 层级单薄

职业院校作为独特的教育类型，以专业为核心组建管理单元，和本科院校"校—部—学院—学科—专业"管理层级相比，层级较少，主要层级体现在"校—学院—专业"三个层面，因此，在现代职业院校内部治理上要体现其层级的特点，进行平行式治理。

3. 以专业治理为核心

本科学校与职业院校的不同之处在于本科学校以学科为中心，职业院校以专业为核心，职业院校专业由重点专业建设阶段进入到专业群建设阶段，职业院校治理必然是以专

业群为核心的治理模式。

三、现代职业院校内部治理结构的几种关系

现代职业院校内部治理表现的是权力结构之间的相互关系。权力是一种支配性力量，现代职业院校内部治理中的权力是能够控制、支配职业院校内部组织和个人活动、行为方式及利益关系的一种强制性能力，其最根本的特征就是具有强制性。根据现代职业院校内部治理中权力的性质与作用、运行方式及代表群体不同，将现代职业院校内部治理结构中的权力划分为学术权力、行政权力、政治权力、民主管理权力（其他利益群体的权力）四个组成部分，如图2-1所示。

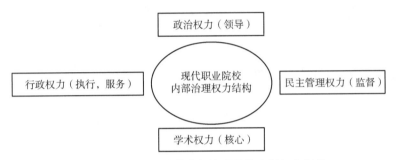

图2-1 现代职业院校内部治理结构中的权力划分

1. 学术权力及特征

现代职业院校内部学术权力是职业院校内部学术组织和群体对学术活动或组织进行管理、干预和影响的力量，它的拥有主体在基层，主体是学术组织或群体，是职业院校最基本的、主要的权力。它具体包括学术活动管理权、学术政策制定权、学术成果与水平的评价与鉴定权、学术资源的配置与分配权、学术争议的裁定权等。相对于行政权力，学术权力具有相对宽松自由、协调的特点，呈现松散性、自主性和民主性的特征，是一种软性的、非强制的权力。学术权力分布是平行的，无大小之分，依据协商解决问题，其运行要遵循学术管理的特点与规律，并在学术自由的前提和基础上进行，并要有一系列的规范性程序进行约束，以避免学术权力在行使中的无序使用和随意使用。

2. 行政权力及特征

行政权力是职业院校履行职业院校职能的一种行政力量，是一种依法对学校事务和技术技能人才培养进行组织与管理的能力，现代职业院校行政权力委托给校长，校长又以授权的形式把权力逐级分配给相应部门至个人。现代职业院校行政权力实质上是以校长为首的职业院校内部机构所具有的权力，主体是职业院校行政机关及其工作人员，客体是学校教师与学生，特点是一种科层式的权力，是自上而下式的、纵向垂直式的，呈金字塔形状。行政权力拥有者往往具有优先权和受益性，行政权力的大小与职位高低呈正比，上级权力大、底层权力小，具有派生性、服务性、垂直性、强制性特征，其价值取向是要实现学校公共利益和持续发展，权力运行要体现公正，要在公开和透明过程中运行，是一种执

行的权力。

3. 政治权力及特征

政治权力是中国共产党执政意志在职业院校的一种具体体现，目的是职业院校办学要坚持社会主义的办学方向、方针和政策。职业院校党委会对职业院校内部事务的决策权力，是党委会代表的政治权力，职业院校党委会及下属的党支部是职业院校内部权力的主体，是国家权力在职业院校内部的代表与意志体现。党委会是现代职业院校内部最高决策机构，掌握职业院校发展的方向，是职业院校发展中一种掌舵式的权力，是处于至尊地位的一种独立式的权力。

4. 民主管理权力及特征

现代职业院校民主管理权力是被职业院校广大教师和学生群体所具有的一种权力，要靠章程维系的一种权力，通过参与权、知情权、监督权和决策权来参与职业院校发展的运行。民主管理权力是制约权力集中的一种重要力量，需要在政治权力领导下实现，是大多数人的权力。它促进职业院校内部行政权力的公开化、规范化，和学术权力是一种相互渗透的关系，能够强化学术权力的执行。

这四种权力构成了现代职业院校内部的权力结构，政治权力领导行政权力，行政权力执行政治权力，行政权力服务于学术权力和政治权力，民主权力监督政治权力、行政权力、学术权力的行使，学术权力是核心，要在政治权力约束下、行政权力服务下、民主权力的监督下自主行使，这四种权力构成了现代职业院校内部"党委领导、校长负责、专家治校、民主管理"的现代职业院校内部管理体制。

四、现代职业院校内部治理的几种模式

（一）混合所有制职业院校治理模式

国务院《关于加快现代职业教育的决定》首次提出，探索发展股份制、混合所有职业院校，允许以资本、知识、技术、管理等要素参与办学并享有相应权力。

混合所有制是经济学的术语，是为适应建立完善的社会主义市场机制而提出来的，在国企改制方面取得了有目共睹的成绩。将其移植到职业教育体制的改革，是对职业教育办学模式的一种重大突破，有三利：一是增强职业教育发展活力，是将职业教育引入市场机制的正确选择。现有的单一的办学体制导致职业教育发展受政府行政干预过多，职业院校发展缺少自主性，而职业院校对政府的依赖性滋生了惰性，办学活力不足。因此，将混合所有制引入职业教育有利于增强职业教育办学活力，进一步促进管评办的分离。二是提高职业教育质量的重要途径。以国有资本为主体，国有资本与其他资本的混合，带来学校投资主体的多元化与办学资源的多样化，有利于发挥资源集聚的优势，整合优质资源，合力培养技能人才，促进职业教育人才培养质量的提高。三是增进企业或社会力量深层次参与职业教育以及实现产教深度融合的一种手段。"校企合作，工学结合"是职业教育发展的

必由之路，长期以来，职业教育校企合作一直处于"校热企冷"状态，企业以营利为目的，不能深度参与到校企合作中去；而混合所有制以兼容开放的产权安排，将企业发展与职业院校发展进行利益捆绑，以促进校企合作的深度融合。

1. 混合所有制职业院校治理

当前职业院校探索混合所有制主要有以下几种类型：

一是公立民办型，较为典型的是苏州工业园区技术学院，苏州工业园区管委会全额拨款，教育局、劳动局为合作方，最后经过转让，学院股东由管理团队、教育局、劳动局、苏州光华集团等六方组成，是一种民间投资为主、管理团队参与、政府引导的办学体制。

二是公有民营型，以齐齐哈尔职业技术学院为代表，采取民办托管公办的形式。其前身为第一机床厂职工大学，从幼儿教育到高等教育共8所学校托管，组成黑龙江东亚学团。

三是民办公助型，以南通理工学院为代表，由江苏江海科教开发有限公司与江苏教育厅直属教育发展投资中心共同兴办，民办事业单位法人高校。

四是小混合型，以沈阳职业技术学院亚伟信息管理学院为代表。它是具有混合所有制性质的二级学院，公司提供一定实训条件、师资及课程，双方从学费上进行分成。

前三种类型是国有资本与集本资本、私有资本、外资的一种或几种混合，通常被称为大混合，第四种未涉及产权的实质性合作和法人资格的出现，往往被称为小混合。无论是何种类型职业院校混合所有制的探索形式，在其发展中都不可避免地面临一些困难与问题。

一是产权问题。存在产权的所有权、经营管理权、收益权、资产处置权如何分配等；产权结构如何设计与界定，产权归属不明确，产权转让、流通、交易等无相关制度保障；独立的法人资格如何界定等。

二是教师员工身份界定与权益保障问题。涉及事业编制与企业编制转换、教师职称评定、社会养老保险、公积金等一系列问题，影响教师工作热情和积极性。

三是招生问题。存在招生指标如何确定，招生考试形式和录取形式如何体现自主灵活，学费如何设定等一系列问题。

四是制度问题。首先，产生制度冲突问题，例如事业编外的人员工作流动性强，工作不稳定，聘用与解雇存在一定的随意性，影响其工作热情，也与《劳动合同法》第10条、第14条、第39条、第40条的要求有一定冲突。其次，面临相应制度不完善问题，缺少相应法律的重要依据，《宪法》《教育法》《职业教育法》《民办教育法》等法律中无职业教育进行混合所有制改革的相关描述，缺少相应的混合所有制教育国有资产管理办法、教师权益保障制度等；最后，存在多元治理如何实现，党委会、理事会、董事会之间关系如何界定，权力之间如何约束、监督与制衡的问题。

五是风险问题。首先，国有资产流失的风险，作为试点，当混合所有制职业教育难以为继时，这些国有资本、资产和其他资本会重组、转让、交易，极有可能带来公办院校国有资产的流失，或者民营合作方利用各种手段将国有资产权益转变为非国有资产权益，或以损毁、消失的形式造成国有资产流失。其次，企业可能面临其赞助培养的学生毕业后劳动力流失风险。最后，市场变化，企业经营的风险与学校维系在一起，由于市场变化，可能会增加院校发展的风险性。

2. 混合所有制治理特点

混合所有制治理奉行股东至上的思想，治理的主体是股东，决策、执行、监督三权处于分离状态，所以学术界称之为单边主义的治理。特点如下：

（1）权力主体来源于股东。权力的来源与构成依赖于股东股份和财产，实行董事会领导的校长负责制，董事会由股东选举产生，校长由董事会选聘，学校依赖于股东的财产而成立。所以，混合所有制职业院校治理的目的就是要不断优化权力配置，最大程度实现股东的利益。

（2）资本构成要素多样化。在混合所有制治理中，社会阶层以知识、技术、人力、资源等要素参与办学，并依法享有一定的权力。投资主体多元化，产权主体多样化，产权也同时兼具公私两种属性，改变了原有公办院校单一政府财政投入、民办院校单一法人单位资金投入的方式，资本构成要素多元化，改变一元管理的模式。

（3）采用股份制运行模式。股份制职业院校实行的是以董事会负责的校长负责制。院校经营者与投资者根据占有的不同的股份，在有形和无形资产的所有、经营、支配、处置、收益、分配等方面所具有的权利。具体来说，有教学场地、教学设备、师资资源、课程资源、实习岗位、社会培训收益等方面的权利明确与分配，同时职业院校独立的法人地位是保持不变的。投资主体也彼此明确收益的分配与风险共担等权利与责任。这种法人治理结构是建立在投资者与经营者之间的权利义务关系基础上的一种基于契约与股份的权责制衡机制。具体来说，对职业院校不同的利益相关者来说，如学生、校长、员工、学院院长、投资者的责、权、利都有明确的规定，改变当前职业院校治理结构中权利边界不清、责任不明的问题，最大程度发挥资源的效益，实现物尽其用，并实现所有权与经营权的分离。

五、民办职业院校治理模式

我国目前民办职业院校治理模式有两种：一种是家族式学校，将学校、公司与家族管理融为一体；另一种是董事会领导下的校长负责制，不完全规范的校长负责制是校长充当决策与执行的双重角色，董事会类似于学校发展的顾问团；而完全规范的校长负责制，董事会具有决策权，校长具有执行权，校长的执行要对董事会负责。

六、公办职业院校治理模式

公办职业院校治理模式与民办职业院校治理模式不同，其内部利益相关者之间利益分配与权利配置的关系，实行的是党委领导下的校长负责制度，党委具有决策权，校长具有执行权，行政部门履行各种职能，民主议事机构如教职工代表大会、学术委员会、专业委员会等发挥民主决策作用。

第二节　现代职业院校内部治理结构国际借鉴

一、以英法为代表的校长集权治理

（一）英国职业院校治理

英国职业教育的实施主体是多科技术学院，内部治理由管理委员会、学术委员会和校长来执行。管理委员会主要确定决策的合理性并监督决策执行，有独立理事会和学院理事会之分，前者是从外部角度来说的，由商界、企业界、政府界、教育界等代表组成；后者则从内部来说，由学生、教师、副校长等内部人员组成，理事会成员由当地教育局来决定，在政府与学校之间做好纽带作用。学术委员会负责学校相关教育教学质量标准的设定，主要分四种：一种是学生代表组成的；一种是教师代表组成的；一种是校长、系主任等领导者组成的；一种是教学管理人员组成的，代表不同利益相关者的利益。多科技术学院校长的权力是高度集中的，他由地方教育部门任定，要接受地方政府的授权，同时也是理事会成员，学术委员会主席，在学校管理制度制定实施、人员的任命、资源的分配等方面具有一定的权力，这是其不同于其他国家之处，简单说，就是集决策权、执行权与监督权于一身，这和英国公有经济所占比重大有一定的关系。

（二）法国职业院校治理

法国大学技术学院是二级管理机构，理事会由校内人员和不到三分之一的校外人员组成，校长由理事会选举产生，集决策权与执行权于一身，不能兼任基层主任，任期为5年，不能连任。上层单位向学校任命财务秘书长等相关人员必须征得校长同意方可，校长具有一定的权威性，负责财政相关执行。技术学院内部设立科学、行政、教学与大学生活三个委员会，分别对科研、行政管理与学生管理和教学提出咨询、指导与建议。

二、以德国为代表的权力制衡治理模式

1. 三会制衡治理机制

德国的职业教育在应用技术学校完成，其内部治理是"三会"相互制衡的治理机制，三会分别是校议会、校务会、校监会，分别代表决策机构、执行机构和监督机构，体现三种权力的分离和三种机构的制约。

2. 行业企业参与外部治理

从外部来看，德国治理的最大特点还表现在行业协会参与职业教育治理，德国的职业教育治理是联邦、州、地方和培训机构四级垂直式统筹管理。德国行业企业参与职业教育治理的权利是政府赋予的，德国《职业教育法》明确规定了行业企业在职业教育中的权利

和义务，主要参与行业职业教育标准的制定，参与职业教育资质的审核及认定，在跨企业培训中起主导与中介作用，在学徒制培训中起监督与仲裁作用。

三、以美国为代表的董事会治理模式

（一）董事会领导下的校长负责制

美国职业院校治理实行的是董事会领导下的校长负责制，该治理结构由董事会、评议会和校长组成，最高权力机构与决策机构是董事会。校长执行董事会的决议进行院校治理。

（二）三权分立的治理结构

三权分立是指董事会所代表的决策权、校长所代表的行政权、评议会所代表的学术权的分立。总体是这样的，董事会是学校法律上的所有者和管理者，是最高的决策机构，董事会成员由社区代表选举产生，主要由政府、企业、校友、社会人士等不同利益相关者组成，遵守章程进行决策，任期一般为3~5年。一般7人以上的董事会下设社区委员会、学术委员会、发展委员会等，董事会成员一般分到评议会各个成员小组中。主要工作是选拔任免校长，制定学校长期发展规划，评价学校发展规划，检查学校计划执行情况。

校长是美国职业院校内部治理的执行者，代表董事会意志与决策进行执行，学校法律上的所有者和管理者，行使职业院校最高行政管理权，一般都是学术界的精英，在任职期限上没有固定的时间。校长角色多重，在学校学术、教务、学生管理上等会设相应副校长帮其行使职权。

评议会是美国职业院校专家治校，教师平等参与学校决策、重大学术决策的机构，是职业院校在教学、科研、薪资等方面进行学术自治的机构。其主要由学术委员会、教学委员会、教师委员会、发展委员会等组成。具体的职责有课程设置与人才培养方案的制定、毕业标准的设定、发展项目的设定、教师人事政策的设定，等等，几乎包揽了学校学术事务的所有方面，便于突出教授治校的地位，在学术事务方面科学决策。

总体来说，在美国职业院校内部治理结构中，董事会是把方向的，校长是将董事会方向进行落实的，而评议会则是评议学术事务以及确保决策科学可行的。

（三）权力制约机制

1. 外部：公民监督委员会——董事会权利的制约

美国职业院校董事会权力是有限的，为促进其正确有效行使权力，职业院校社区成立专门的监督委员会，公民监督委员会监督董事会权力的行使，每年至少提交一次监督报告。这个监督委员会是由企业界、商界、院校在校生等多个界别人士组成的，院校定期召开董事会会议，接受社会公众监督，这是美国职业院校对外接受社会监督的一个窗口，从外部参与院校政策与发展方向的把控。内部日常行政管理与学术管理则由校长和评议会对内部事务进行监督。

2. 内部：董事会—校长—评议会三者相互制约

美国职业院校各治理主体存在相互制约机制，使他们各自能独立行使主权，同时也要彼此监督与制约。校长由董事会产生，要对董事会负责，校长和评议会在治理学校过程中，董事会并不是完全下放权力的，保留了一定的控制权，校长要接受董事会的监督，而校长和评议会之间也要相互配合、相互支持、相互监督。董事会对评议会政策方针进行制约，同时将校长作为董事会代理人，对评议会的决策进行制约。同时在一些项目选择上或教师任免、晋升等方面，校长的权力是有限的，只有建议权、推荐权和有限的委任权。

第三节 台湾省致理科技大学内部治理的经验

致理校名的由来："致"——希望学生有打破砂锅问到底的求学精神，"理"——希望学生懂得做人处世的基本道理。致理科技大学目前设有14个系及4个中心，分别是企业管理系服务业经营管理硕士班、企业管理系、会计资讯系、财务金融系、行销与流通管理系、保险金融管理系、休闲游憩管理系、国际贸易系硕士班、国际贸易系、应用英语系、应用日语系、资讯管理系、商务科技管理系、多媒体设计系及通识教育中心、推广教育中心、教学发展中心、环境保护暨安全卫生中心，现有各类学生11 000余人。

致理科技大学是一所私立应用型本科院校，位于新北市中心，交通便利，主要培养应用型商业、服务业人才。目前是台湾省学生事务最高荣誉"友善校园"荣衔学校，"品德教育"绩优学校，就业率在台湾省排名第二，专业职业资格证书考取数在台湾省排名第一。其先后获得台湾省教育部门评估全校各系、研究所数排名第一的佳绩；连续7年荣获台湾省"教学卓越计划大学"；台湾省《远见》杂志与"1111人力银行"公布统计调查结果，该校在"台湾雇主最满意大学"统计调查中，连续2年为私立技术大学第一名；2013—2018年，连续6年新生注册率稳定保持95%以上；2016—2017年大一新生选校因素调查结果显示：学校风评口碑佳、企业雇主最爱的学校、学校毕业生就业率高等因素是学生选校的最高因素。

应致理科技大学邀请，笔者2019年7月赴致理科技大学进行为期7天的管理主题研修活动。在致理科技大学研修期间，致理校方精心安排了研修内容，课堂授课与企业考察互相结合，涉及校务治理、教务管理、学务管理、创新创业、推广教育等多方面的内容，授课形式多样，采用案例、学生互动、现场演示等方式，其管理上关注细节与系统性，为学校未来改革与发展奠定基础。

一、教学与教务管理的特点

（一）遵循产业发展趋势，创新课程发展模式

教师遵循能力课程开发模式，以智慧商业课程导入，创新弹性课程教学模式，通过客

制化适性辅导、专业实务职能更新，不断培养学生专业力、数位力、整合力、移动力、分析力。课程体系是多元化的动态，根据需要不断开发和淘汰，课程是"深碗浅碟"式的，"深碗"学习方式较弹性，可以上下学期学，可以实地学习，可以与业界结合；"浅碟"是鼓励学生自主学习，主要由通识教育中心来完成。各学院设立学分学程中心，不断培养学生的社会适应性。

（二）发展微型课程，鼓励自主学习

自主学习主要以讲座、工作坊、研习、展览、读书会、实践专题形式开展，建立自主学习认证机制，设立微学分，促进学生开阔国际视野、专业创新、博雅能力等基本素养提升，促进学生生涯发展。

（三）跨越学分学程，多元学习

为促进学生学习有效性提升，中国台湾省致理科技大学设立跨越学分学程，为学生多元学习创设条件。从105学年（2016—2017学年）度起，新增在地产业联盟学分学程。例如，金融科技学分学程（学旗银行、大昌证券）；物联网应用实务学分学程（力浦电子）。根据不同学程，开发不同适性教材和数位教材，推动弹性教学模式。

二、质量管理的特点

（一）以学校数据中心为基础开展质量监控

用数据和事实说话是客观而有力的。学校数据中心由学校最高管理层直接领导，并聘请学校相关3~5位专业教师兼职运行管理。数据中心的数据，来源于各部门（单位）的分散软件业务系统和非数字化文件管理系统，由各部门（单位）按照数据中心的数据和资料规范要求来常态化周期性自主填报，学校数据中心对各部门（单位）的原始数据和资料严格保密并不进行任何色彩的修改和评判，仅通过数据的不同方位、角度和程度的对比分析，由数据趋势进行相关的问题查找和优势研判，为学校的治理提供第一手数据与事实依据，从而根据反映出的问题，反馈给校行政最高管理层，由校行政最高管理层根据学校工作实际，确立不同阶段的专项治理议题，并转给学校的相关问题部门进行整改，同时转交质量评监部门进行问题的复审及问题的改进跟踪和验证，此外还要对数据和资料整改反馈结果有效性进行核定。

（二）以学校质量评监部门牵头的二级质量监控闭环管理

按照校务治理和教育教学管理规律，学校设立质量评监部门，牵头带领各部门（单位）的内设质量监控管理组织，开展日常校务治理的质量监控工作和专项治理议题的管控工作，并将管控结果及时反馈给校行政最高管理层；各部门（单位）内设的质量监控管理

组织，对内进行日常部门治理的质量监控工作，对外在校质量评监部门组织下开展不同部门之间的审核监控，尤其是对校行政最高管理层确立的专项治理议题，重点进行问题的复审及问题的改进跟踪和验证，并最终将整改结果反馈给校质量评监部门。

以上做法，首先用数据和趋势分析说话，避免产生人主观臆断带来的不合理性，同时加强了问题提出的权威性和客观性；其次，分立发现问题（校数据中心）、提出问题（校行政最高管理层）、解决问题（问题整改部门）和监控成效（校质量评监部门）的四方主体，规避人与人之间的冲突、推诿、甚至腐败的可能性，使得质量的产生、管理、监控与评价更具客观公平性；最后，各部门（单位）在按照数据中心的数据和资料规范要求下，通过不断完善相关软件业务系统和非数字化文件管理系统，逐渐形成全校性统一数据平台系统，避免了数据平台系统与日常业务的两层皮现象，同时形成平台数据与业务质量之间的良性相互支撑与映衬。

三、学生教育与管理的特点

（一）立德树人注重实践

学校任何一个环节、任何一个人都会在无声无息中教育和影响着学生的成长。校园的人文环境建设，处处体现以学生为本的细节规划，课上课下的思想政治教育工作等，都是学生成长成才不可或缺的元素。致理科技大学摒弃生搬硬套的理论灌输，把学生的德育课程搬到了课堂之外，用实实在在的场景、现实的故事让学生亲身体验如何感恩，每年新生报到期间和教师节，致理科技大学都会鼓励学生返回母校看望恩师，表达谢意，学生的路费和礼品费由致理科技大学校方提供；在母亲节，学校发康乃馨给学生，让每个学生把这份问候带给母亲，表达对母亲的爱和感恩；为学校师生遮阳避寒的老榕树死了，学校把老榕树的根留着，并寄上感恩词卡，作为学生思想政治教育的真实题材，对学生进行生命教育；等等。

（二）关注细节，践行文化育人

致理科技大学校园中让人印象深刻的细节无处不在，无不体现品德教育的实效性：校园内学生效仿校长捡垃圾的行为；严格的垃圾分类整理；教学楼门口设立的诚信教育箱，学生可把自己不用的物品放置到诚信箱的透明小箱子里，并设有标价，有需要的同学可以把钱投入钱箱，全程没有摄像头，所有收益都捐给公益社团，这种对学生诚信的考验，显现于日常，教育于无形。

教学楼楼梯设有网绳、木制围挡，以备意外情况的发生；校园电梯显示牌上，设有"禁止性骚扰"的牌子，没有避而不谈，进而禁止校园不雅行为产生，保持良好的学习环境。

(三)建立学生终身导师制度

台湾致理科技大学学生教育由全体教职工共同参与，并采取终身导师制，设有职涯导师、学涯导师、生涯导师，从不同角度对学生进行全程全方位终身培育，不断完善终身导师制度。建立"绿疗愈走廊"，创设环境为学生进行心理疗伤；通过多种系统为学生进行各种解惑，如云端适用性咨询系统、导航式证照辅导系统、生涯辅导系统。

四、继续教育推广的特点

(一)坚持顾客导向的继续教育理念

立足顾客需求，一切从学习者需求出发，关注什么样的课程项目是顾客想要的，什么样的价位区间是顾客想要的，什么样的课程项目是顾客想要的，什么样的服务模式是顾客想要的，对学习者进行服务输送。校内设有推广继续教育中心，以学校丰富的教学资源为基础，以便捷区域区位为优势，坚持推动终身学习与社区服务，善尽社会责任这一办学理念，强化推广服务，倡导终身学习，为15岁以上人提供开放自由的学习机会。

(二)系统高效的组织流程，确保继续教育质量

执行P-D-D-R-O品质流程。计划（Plan）阶段，明确系统性与能力，对招生对象、课程内容、场地和预算等情况进行计划。设计（Design）阶段，包括训练课程的规划与设计，利益关系人的过程参与，训练目标需求的结合，采购产品程序的规格化。执行（Do）阶段，调查按计划执行的程度，完善纪录资讯的系统化和软硬体设备。查核（Review）阶段，对检查报告（成绩证明、学分证书、结案报告、经费）定期进行分析，并对以后有效改善进行反思。成果（Outcome）评价阶段，对成果多元性与完整性进行分析，对训练系统进行评价。因为其严密而科学的组织流程，其推广教育中心只有4个工作人员却高效完成2 000多门继续教育课程的实施工作。

五、职业院校研究的特点

台湾致理科技大学设有研究发展处、教学发展研究中心，支持的领域包括高层学术领导、招生、学生资助、课程设置、入学管理、人事、学生生活、财务、设施、体育、校友关系以及其他许多领域。除此之外，校务研究还向政府部门提供大学数据报告，并利用标杆指标与同类大学进行比较。

(一)分工协作的校务研究合作机制

致理科技大学的校务研究中心在整个职业教育研究中有统筹协调作用，针对不同议题组成跨单位工作小组，而非单打独斗开展研究，具体分校务研究、校务资讯、图书资讯三

大部分，研究学校发展状态、反馈学校发展问题、提出相应解决方案，促进学校绩效不断提高。

（二）全面系统研究，注重校内研究的反馈功能

校务研究针对学校内部行政运作、管理、环境设备、教学措施、学生学习历程表现、学术研究以及师生背景等过去、现在的材料，进行自我总结、分析与阐释，使之转换为有用的资讯，供校务规划、政策制定以及方案设计、执行评议等决策论证用。致理科技大学校务研究的特点是全面性、多样化、适时性、计划性与主动性。

相比于国内职业院校教育研究工作，其自我研究职能较为全面，包括教学运行、行政管理、学生发展、师资队伍建设、学情分析、学校未来发展等多个方面；校内研究的主动性较强，每年根据学校发展与其他学校标杆分析，选取相应议题进行研究；研究形式较为多样，数据的收集、分析，对学校的现实描述，对当前运行或未来规划做智慧性决策；提高学校的效益与效率等；注重研究的应用性和决策咨询作用，并将结果运用到学校改革发展的实践中。

（三）建立校务研究数据库和资料库，发挥数据治理的功用

1. 建立系统全面的校务研究资料库

建立校务研究的资料库，作为校务决策研究的分析数据来源及校务分析研究的基础，并建立 IR 资料库和校务研究资料管理平台，建立决策—分析—仓储议题分析资料，校务研究资料库包括教务、学务、招生、研发、人事职发、国际、总务、会计等多个方面，每个方面还有具体的系统，如学生活动签到系统、证照辅导平台系统、学分学程管理系统、就业辅导管理系统等。资料库进行分级管理与公开使用，共分四个等级，四级为可公开使用资料，资料中涉及学校事务的敏感议题，不能从事论文研究与公开发展。整合校内各单位的 19 个系统，总计 116 个表单，包括 1 445 个栏位。

2. 学校内部研究的全面参与和群策群力

校务议题产生采用自上而下与自下而上相结合的方式，议题产生到反馈决策基本遵循这样的流程：校务深耕小组（一级行政主管）召开行政主管会议研拟措施；行政、教学单位进行回馈，成立校务研究跨单位小组，落实议题并出研究成果；校务研究议题研究人员到校务整合资料库进行资料申请，对资料进行统合串接，形成最终成果，回馈校务治理，下达决策。IR 分析结果纳入中长程校务发展机制，通过校务发展会议和校务发展委员会会议进行落实。

六、证照教育的特点

证照教育就是我们所说的职业资格证书教育，证照教育是致理科技大学最大的特点。致理科技大学也是台湾省证照获取率最高的学校，曾连续 6 届获取台湾省技术职业教育最

高荣誉技职之光——证照达人奖,连续9年专业证照获取台湾省第一名。证照分为国际性和非国际性;从类别上分专业类、咨询类、语言类等,各系成立证照工作小组,由学生代表和业界(企业)代表组成,一起探讨本系学生证照的选择问题。致理科技大学不仅注重学生证书的取得,也注重教师证书的取得,在证照教育方面建立一定的机制。

(一)建立证照教育辅导机制

建立证照地图,这是一种导航式的证照辅导系统,学生可以线上预约教师进行一对一辅导,随时随地约,感受移动、泛在学习的优势。教师也随时随地辅导学生的证照学习,为学生证照学习与获取提供诸多便利。

(二)建立学生证照奖励机制

建立学生证照奖励制度,出台《致理科技大学学生证照奖励办法》,将学生证照获取划分为A、B、C、D、E、F六个等级,不同等级给予不同的奖励资金,以期提高学生就业竞争力。

(三)建立教师证照奖励机制

将教师证照取得作为其考核与职业发展的必备条件,促进教师教学水平提高。《教师指导学生证照奖励办法》规定,学生获取等级越高,教师加分越多,一个学年度最多可获1万台币的补贴金。《证照辅导绩优教师奖励办法》规定,排在前五名的教师,将获得相应的奖励金。此外,致理科技大学在师资引进上,也将教师是否具有专业证照作为必备条件,明确要求新进教师要有博士学位、有两年企业工作经验、有专业证照等。

七、创新创业教育特点

(一)三创人才培养机制

创意:低年级学生注重思想创业,注重创意的培养,注重培养学生的创新意识,让他们知道现场环境下创新的基本策略与方法。创新:高年级学生助推学生创业家精神的培养,用创意诱变创新。第三个阶段则是创业。

(二)完备的创业制度保障体系

致理科技大学校内成立了创新义诊中心,负责全校创新创业规划,创新创业执行教务回到体系;建立创业课程体系,课程在通识课程中体现,设立跨越课程"创业家能力";学校尽可能提供场所,帮助学生进行创新创业;学校鼓励教师参加创新创业竞赛,对教师创新创业能力进行培训。

八、教师成长机制的特点

（一）建立教师成长激励机制

设立一系列奖励办法，调动教师的工作积极性，致理科技大学建立了《教师评价办法》，其包括教师奖励办法、教师教材开发补助办法、卓越教师培养办法、绩优教师奖励办法、教师创新教法补助办法、教师研究优秀奖励办法等一系列奖励制度，促使教师有弹性的薪资，并以极大的热情参与教育教学改革，从而促进自身成长。

（二）建立教师成长落实推动机制

加强新进教师的培养，推动教师多元身份的形成，教师要接受学生的评价，但是创新教学不纳入学评教的范畴，鼓励教师多做创新教学。教学评价后 2% 的教师无年终奖金；当然 70 分以上教师也同样不扣奖金；被扣奖金的老师，要接受教师发展中心的辅导与培训，不断完善自身的教学能力。

（三）建立平等、有序的教师晋升制度

致理科技大学教师晋升按照讲师（硕士 2 年）—助理教授（博士 2 年）—副教授—教授这样的程序进行晋升，例如讲师晋助理教授级别的基本要求：一是 3 年内 2 年要达到合格水平；二是升职前 3 年，产学合作达到 30 万元以上；学评教总分为 5 分，要达到 3.5 分以上。教师晋升是多元平等与合格，从多个角度进行，一是学术平等，主要是学术期刊；二是技术报告平等，例如晋升教授专利要达到 120 万元以上；三是教学实践平等。也就是说，从学术研究能力、技术研发能力和教学实践能力三个方面进行全面考核评价。严谨公正的评审程序，职称评审有三审程序，院外评审中心三个人要有两个人的打分在 70 分以上；再进入院评，受 6 位（5 位）打分为合格，外审平均达到 73 分，递交教育部评审。

第四节　现代职业院校内部治理结构冲突与均衡

一、现代职业院校内部治理中权力的博弈冲突分析

1. 行政权力与学术权力的博弈

二者的博弈主要表现在：行政权力与学术权力边界不清，导致学术行政化；行政权力往往大于学术权力，并时常干预学术权力，使学术权力不能按照学术规律相对独立地运行与行使，并导致学术群体和行政群体产生利益冲突；学术权力有时会成为行政权力的附属，不能发挥自身的作用。

2. 民主管理权力与政治权力的博弈

二者的博弈主要表现在：政治权力与民主管理权力失衡，政治权力往往以自身的权威地位，掩盖了民主管理权力的参与，限制了民主管理权力的发挥。民主管理权力的缺席会出现行政权力滥用、行政权力扩张为特权、行政权力越位与缺位的问题。

3. 政治权力和行政权力的博弈

二者的博弈主要表现在：在政治权力的掩护下，行政权力变得更加强大，出现党政不分的局面；政治权力以至尊地位强加给行政权力，政治权力膨胀，行政权力变小，政治越权，导致职业院校决策与执行权力的不均衡，产生以党代政问题；政治权力以口号形式造势，和实际工作对应不紧密、不务实，致使行政权力在执行中缺少具体引领与引导，出现"政实党虚"的现象。

现代职业院校内部权力博弈关系如图2-2所示。

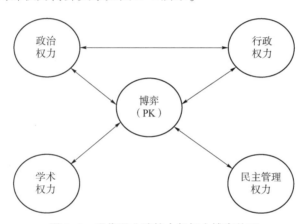

图2-2 现代职业院校内部权力博弈关系

二、现代职业院校内部治理的共性问题分析

权力行使呈倒三角状态，或者说倒金字塔状，是层级的管理，权力垂直式行使，越到底层权力就越小，如图2-3所示。

图2-3 垂直式管理状态

1. 四种权力的失衡

现代职业院校作为一个利益相关者组织，具有不同的利益群体，而内部治理结构则是协调不同利益群体利益与权力配置的制度安排。职业院校内部的民主管理权力、学术权力、行政权力、政治权力是现代职业院校内部四种不同性质与作用的权力，且有各自不同的运行方式，代表学术群体和行政群体的利益。在职业院校内部诸多权力的博弈中这四种权力往往无清晰的边界，越权、权力滥用、权力失衡情况时有发生；具体表现在行政权力大于并干预学术权力；行政权力运行不透明，民主管理权力缺少有效监督；政治权力的掩护下，行政权力变得更加强大，出现党政不分的局面；政治权力凌驾于行政权力之上，政治权力膨胀，行政权力变小，政治越权，导致职业院校决策与执行权力的不均衡，产生以党代政问题；学术和民主意志常常受到行政意志与权力的干预，政治权力和行政权力膨胀引起学术权力和民主管理权力边缘化。权力的失衡导致不同的权力不能按照自身规律相对独立地运行与行使，最终使学术群体利益、行政群体利益、民众、政治群体产生冲突。

2. 民意、监督、评价系统的缺失

现代职业院校内部作为一个系统，根据职能及作用包括如下几个子系统：组织系统、决策系统、执行系统、监控系统、评价系统、民意系统，这几个子系统之间的逻辑布局与制度运行构成完整的现代职业院校内部治理的一个完整结构与体系，隐性表达了一所职业院校的办学思想与理念，并呈现学生、家长、普通教师、企业参与人员在学校内部组织设计中的地位与价值。当前职业院校内部治理结构不完善，突出表现在：一是负责纠偏的民意机构不完备，教职工大会作用表现不突出，学生、教师民意表达无相应途径；二是对质量负责的内部评价系统不完善，对教学、专业进行内部评价系统和标准缺失；三是民主议事没有落到实处。

3. 专业建设自主权相对薄弱

专业建设自主权相对薄弱实质上是专业建设自主权和校内行政权之间博弈中所产生的权力的不均衡，表现在学校行政越位，专业自主权过小。校内行政干预限制专业发展的空间，尤其是在教师职称评聘、专业调整、收入分配、实训基地建设等方面受学校统筹指标和资金的限制，使专业不能按照专业自身发展规律、愿景及市场需求，及时进行自我发展与调整，限制专业发展的活力和自我发展的能力。

三、现代职业院校内部治理中权力博弈实现纳什均衡的路径

权力的博弈需要有一定的协议准则，章程是现代职业院校内部实现依法治校的正式规则，也是现代职业院校制度体系的顶层设计，是各权力主体共同遵守的准则，职业院校的章程就是一种契约，是不同权力运行的合法性的来源与依据，并要得到不同权力主体的认可从而发挥权威作用。简单说是各权力主体在权力运行中奉行的基本游戏规则。博弈论强调不同主体间要建立一种契约。在演化博弈论的指导下职业院校的章程则是内部不同权力的共同契约。孟德斯鸠在《论法的精神》中提道："有权力的人们使用权力一直到遇到有

边线的地方才休止。"意思是说，权力之间要有一种刚性边界，这既是一种约束，又是一种规范和监督。因此，建立权力的博弈准则首要的就是实现权力边界的契约化。职业院校章程需体现职业教育职业性的本质属性，要突出三个关注点：一是要突出行业企业在职业院校人才培养中的地位与作用，突出在专业标准设定、实训条件建设、课程体系建构、人才培养目标设定、质量评价方面的作用，以突出"校企合作，工学结合"。二是要在人才培养定位上突出服务农村劳动力转移、缓解社会技能人才供需矛盾、服务终身学习社会方面的使命与责任，而不仅仅突出培养技术技能人才。在体现职业院校契约准则的职业特点基础上，构建符合职业教育与管理特点的制度体系。三是突出这四种权力、主体、范围，构建权力运行的整体框架。

1. 建立权力表达机构，实现权力主体之间的相对完全信息博弈

如前所述，传统博弈论与演化博弈论的根本区别是局中人——权力主体在博弈中是否在完全信息的表达与实现需要依托一定的组织机构和团体。吉林大学早在2010年就成立了学生参与民主管理委员会，畅通学生利益表达机制，让学生参与民主管理。目前大部分职业院校通过工会、教代会等参与并践行民主管理，但是作用相对不明显，机构相对不够完善。

权力的表达与实现是依托一定的组织机构和团体的，有必要加快学生代表委员会、家长委员会、校企合作工作委员会、校务委员会等民主议事组织建设，并建立相应的议事规程和对应管理办法，实现博弈主体相对信息对称，畅通权力相关主体的利益与信息表达渠道，建立信息对接与互通机制，更好地维护民主管理，并对不同权力的运行进行全方位的监督，防止权力越位、滥用、缺位等行为的发生。重要的是建立校内权力申诉机构，建立可操作性的申诉程序，用以处理学生、教师等不同权力主体表达利益诉求等相关事宜，化解多元矛盾纠纷，在招生、学术评价、职称评审等领域探索仲裁机制，维护合法权益。

2. 不断完善内部制度，构建以分权和制衡为中心的博弈规则体系

权力是制度的核心要素，演化博弈论研究制度更强调制度的变迁是一个演进稳定的博弈过程。现代职业院校内部权力的多重博弈更是对现代职业院校内部制度体系提出了更高要求，内部制度是现代职业院校内部治理主体与权力的契约网。现代职业院校要防止权力过于集中和过大化，实现不同权力主体或利益相关者的利益最大化和均衡，要对现有内部制度进行改革，构建体现不同权力主体或利益相关者利益和责任的制度框架体系，实现权力之间和主体之间的合作博弈，实现权力合作与监督，最终实现权力的动态平衡。分权制衡是现代职业院校内部治理的精髓，主要使权力及制度配置与安排能够发挥最大效用，合理分配，相互制衡实现各权力主体的利益最大化，主要是职能、权力及人员上分立，对现代职业院校来说，核心就是促进管评办的分离。建立权力清单制度、责任清单制度与负面清单制度，向全校公开各权力主体部门的职责、办事流程、规章制度及监督方式；建立校本评价、监督制度，对人才培养全方位进行评价，评价与绩效结合，绩效与问责结合；建立多元的监督体系，落实有效监督制约权力运行，促使各种权力在阳光下运行。

3. 形成多元协同的内部治理模式

首先,要在党委领导校长负责这一最基本的制度框架下,丰富民主决策的实现形式,充分发挥教代会、家委会、学代会、校企合作委员、工会、校务委员会等在学校重大事务中的决策作用,通过建立民主决策的多元、互动、协商的决策机制来消除权力之间的矛盾冲突。其次,建立并健全校内民主听证制、校内民主咨询制度,对事关师生员工重大权益的事项和规范性文件事前向相关委员会如专业发展委员会等进行咨询,在公开时进行听证,建立听证委员会,形成听证意见。最后,理顺学校与二级学院或部门决策执行关系,决策执行多维度,学校行政管理部门简政放权对自身权力做减法,尽可能发挥对二级学院在专业建设和学术事务中的指导、规范和监督功能,还其自我发展的自主权。

四、现代职业院校治理结构理想模型与实现策略

(一)现代职业院校内部治理的理想框架

形成"一章五制"的多中心治理模式(见图2-4),即以职业院校章程建设为重心,不断健全党委领导制、校长负责制、专家治学制、民主参与制,以质量诊断与改进为保障和落脚点的一个动态、持续改进的内部治理模式,促使现代职业院校内部权力以平行式运行,无大小与高低之分,不同的利益群体(学生、教师、家长、行政人员、企业等)平等、积极参与职业院校改革发展,最终保证职业教育教学质量提高。

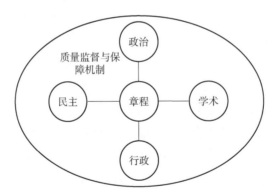

图2-4 "一章五制"的多中心治理模式

(二)实现理想框架的路径与策略

1. 以现代职业院校章程完善为中心,明确权力的边界

章程是现代职业院校制度的主要表现形式和载体,是现代职业院校最高行动纲领,是现代职业院校制度文化的精髓,也是约束现代职业院校内部各利益团体的行业准则。现代职业院校章程建设明确党委领导权、校长负责权、专家治学权、民主参与权四种权力,重新界定学术权力、行政权力的界限,学生、教职工的权利和义务,尤其要落实二级专业建

设单位在专业发展与建设方面的自主权；师生参与学校重大决策事项的民主参与权与监督权，并要体现职业院校的特色，突出行业、企业参与职业教育人才培养的地位与作用。

2. 建立以专业为核心的平行管理体系

和普通本科院校不同的是，职业院校是以专业为基本单元的，普通本科院校是以学科为基本单元的，因此现代职业院校管理体系，应以专业为核心要素建构管理体系，落实专业在自身建设中的主动权与自主权，方能调动专业发展的积极性和主动性，减少校内行政化色彩。一是以专业为单位建立二级管理体系，下移管理中心，提高专业发展自主权，形成"宏观有序、微观搞活"的二级管理格局；二是维护学术权力的独立地位，将学术权力和行政权力剥离出来，建立并健全管评办分离的制度体系，在学术权力行使中，代表不同利益群体的人要占有一定比例，切实发挥学术事务处理中的民主和公开作用。

3. 健全利益相关者多元参与的治理机制，重点完善质量监督与保障机制

一是建立行业企业参与职业教育管理机制，以党委领导制、校长负责制、民主参与制、专家治学制，建立学校重要事务理事会，以制度化形式保障学生、教师、行业企业参与到院校发展中去；保证行业企业参与到学校决策、管理、人才培养、质量指导与监督中去；二是成立代表学生利益的学代会、代表教职工利益的教代会、代表家长利益的家长委员会等民主议事机构，畅通学生和教师利益表达机制，听取家长在学校发展中的建议，接受家长监督，通过民主治理限制权力的滥用。

第三章
优质校建设下职业院校内部治理结构优化的行动路径

第一节 优质校建设职业院校内部治理结构的历史嬗变

一、现代职业院校内部治理结构政策表述

2014年6月，国务院《关于加快发展现代职业教育的决定》（国发〔2014〕19号）明确提出"建成一批世界一流的职业院校和骨干专业，形成具有国际竞争力的人才培养高地"的目标任务。2015年教育部颁布《高等职业教育创新发展行动计划（2015—2018年）》（教职成〔2015〕9号）指出，到2018年，将支持地方建设200所左右的优质专科高等职业院校。这是国家从宏观层面对高职教育创新发展所进行的新一轮的顶层设计，为高等职业院校提质增效进行综合改革与内涵式发展提供了新机遇。2019年1月24日国务院下发的《国家职业教育改革实施方案》（国发〔2019〕4号）明确指出：到2022年，"要建设50所高水平高等职业院校和150个骨干专业（群）"。为落实该方案的要求，2019年4月2日教育部、财政部联合下发《关于实施中国特色高水平高职学校和专业建设计划的意见》（教职成〔2019〕5号），对如何建设中国特色、世界水准、融入区域发展的高水平职业院校，引领新时期职业教育的改革发展，打造升级版的中国高等职业院校提出了具体的方向与标准。

2016年以来，全国共有19个省市（区）相继启动"优质校"项目建设，这标志着我国高等职业院校正式步入了优质化发展的时代。2017年11月辽宁省教育厅财政厅下发《关于开展高水平现代化高职院校和高水平特色专业群立项遴选工作的通知（2018—2020年）》，明确到2020年建成10所左右高水平现代化高职院校和30个左右高水平特色专业群。因各地表述有所不同，辽宁称为"双高"，湖南称为"卓越"，有的称为"双一流"建设；在这里按《行动计划》统一称为"优质校"。

优质专科高等职业院校建设（以下简称优质校）是国家从宏观层面对高等职业教育创新发展和高质量发展所进行的新一轮的顶层设计，是对国家示范性高等职业院校（简称示范校）建设的继承与创新，为高等职业院校提质升级进行综合改革提供了新机遇。示范校与优质校是我国职业教育发展的两座里程碑，同为国家对高等职业教育发展的顶层设计和

统一部署，在建设理念与思路上都存在着极大的不同。和主抓专业建设的示范校相比，优质校则更强调产教的深度融合。现代化的高等职业院校内部治理结构和先进的治理水平是优质校建设的重要内容与保障，也是衡量优质校的重要标准。从示范到优质，职业院校内部治理在治理主体、理念、形态、目标等方面已发生嬗变，要适应优质时代的发展需要，在厘清历史发展脉络的基础上优化职业院校内部治理结构，促进职业院校内涵建设水平的不断提升。

二、现代职业院校内部治理结构与优质校的逻辑关系

1. 职业院校内部治理结构优化是优质校建设的重要内容与保障

中国职业技术教育学会副会长马树超说："示范校抓的是工学结合的重点专业建设，骨干校建设重点抓校企合作的体制机制创新，优质校则要实现真正的产教融合。"和示范校建设强调专业建设相比，优质校更为强调全面的质量，即综合办学实力的高质量，补短板、增活力、提质量是优质校建设的关键词。当前职业院校的短板是什么？上海市教育科学研究院和麦可思研究院共同编制的《2018中国高等职业教育质量年度报告》中指出，职业教育面临的三大挑战：院校治理能力亟待提升、专业建设水平亟盼提高、教师教书育人责任意识亟须加强。可见，院校治理能力是全国高职院校共同的短板，需要在优质校建设中补齐。增强活力，职业院校的活力在于体制机制的创新与治理结构的优化，《关于实施辽宁省高水平现代化高职院校和高水平特色专业群建设计划的意见》中将推进办学体制机制改革和推进现代学校制度作为重点建设的任务。因此，增强职业院校发展活力的关键在于不断提高其内部治理水平。提质量，质量是全面的质量、综合的质量，内部治理的水平与质量包含其中。

《教育部财政部关于实施中国特色高水平高职学校和专业建设计划的实施意见》（教职成〔2019〕5号）中指出，特高职业院校建设的主要任务之一是"提升学校治理水平"，并指出，"要健全内部治理体系，完善以章程为核心的现代职业学校制度体系，形成学校自我管理与自我约束的体制机制，推进治理能力现代化"。各省也将职业院校内部治理结构与水平作为建设的重要内容与目标，例如四川省优质校建设计划中就明确要求高等职业院校建立和完善现代大学制度和治理体系，全面提升治理能力和水平，深入推进依法治校，加强以学校章程为核心的制度体系建设。综上，职业院校内部治理结构优化和治理水平提升是优质校建设的重要任务，也是优质校的重要保障，确保优质校建设全面完成。

2. 治理水平先进是衡量优质校的重要标准

如前所述，示范校主抓专业建设，骨干校主抓校企合作体制机制，优质校则更强调产教的深度融合。示范校—骨干校—优质（特高）校，体现了我国职业教育办学理念与思路的一种转变历程，即工学结合—校企合作—产教融合，全国高职高专处林宇处长在全国高职高专校长联席会上阐释："工学结合是在教学层面，校企合作是在办学层面，而产教融合则是在管理层面。"优质校建设提高专业水平是关键，既要重视建设一批产教融合的高

水平专业，也要重视做好双师型教学团队建设，完善教育教学质量监测与保障机制。产教融合是国家优质校主线，治理水平先进是重点，要切实将教学教育改革与治理能力提升相结合。全国高职高专校长联席会主席、天津职业大学原校长董刚指出了优质校六个核心指标，即办学定位准确、治理水平先进、师生核心素养卓越、专业建设一流、服务社会有力、办学特色鲜明。职业院校作为一个社会组织，是一个复杂的系统，内部治理水平的高低直接决定了其是否能遵循职业教育的办学规律、坚持正确的办学方向、形成自身的办学特色、提高核心竞争力，因此，先进的治理水平与动态适应的内部治理体系是衡量优质校的重要标准。

三、从示范到优质，职业院校内部治理观的嬗变

（一）治理理念：由工具到人本、由封闭到开放

治理理念转变是职业院校由示范到优质的原始动力。示范校建设开启了我国职业教育内涵建设起点，但并没有完全摆脱规模时代工具论的治理思想，即通过内部治理带动职业院校规模、数量上的提高，往往具有功利性的色彩。优质校建设呼唤职业院校内部治理的人本性与公共性的回归，重视通过优化职业院校内部治理结构与体系，实现职业院校内部利益相关者各自利益最大化，最终促进人的全面发展，实现立德树人，为区域经济发展提供相应的人才支撑。

职业院校起步较晚，在职业院校治理上过多借鉴本科院校的治理观念，在国家示范校建设时期，以专业建设为核心，在治理上沿袭的是普通本科院校的管理模式与治理观念，在权力配置及运行机制方面没有过多关注职业教育职业性与教育性并重的特征与属性。后示范时代，随着经济的转型升级，职业教育在办学理念、培养模式及运行方式方面与市场的关系日趋紧密，逐渐摆脱对政府的单一依赖，与行业、企业的合作关系日益紧密。优质校建设时代，实现治理体系与治理能力现代化，就是要适应市场经济对职业院校发展需求，释放其自身发展活力，实现职业教育治理由封闭到开放、合作、共治转变，这是职业院校内部治理的应然追求。

（二）治理主体：由一元主体到多元主体共治

职业教育具有跨界属性，办学主体、利益主体、权力主体逐渐向多元化趋势发展。在办学主体上，随着经济转型升级和自身发展需要，已经突破单一主体办学的束缚，企业、行业、社会力量在职业教育办学主体中的地位日益明显，融入职业教育人才培养、职业教育评价、人才培养、顶岗实习等环节；在利益主体上，教师、学生、家长等作为职业院校发展的利益相关者，其作用和地位愈显重要；在权力主体上，政治权力、行政权力、学术权力等不同代表群体在重大事务决策中地位不容忽视，他们都将以主人地位，以平等协商对话的形式参与，以体现各自的利益诉求。因此，优质校时代，职业院校内部治理的主体

已由一元化趋向多元化方向进行转变,由自治向协同共治的方向转变。

(三)治理内容:由碎片化向全面系统化转变

示范校建设时期,重点任务是专业建设,院校治理内容也围绕专业建设为主展开,治理内容碎片化,不够全面。随着国家治理体系与治理能力现代化的推进,全面化系统化的治理成为共同的价值追求,同样,倡导全面综合化改革、整体办学实力提升的优质校在内部治理内容上则同样要向系统化、全面化方向转变,在结构、制度、机制方面全面进行系统建设,实现治理内容由碎片化向全面系统化转变。

(四)治理结构:由条块分割化到协同一体化

随着国家对职业教育改革的深入,职业院校依据国家要求增设职能机构,如国际合作办、质量管理办、校企合作办,等等,以往的内部治理按职能呈现专业化分工、碎片化条块化分割式结构状态,一定程度上带来了管理的高效率,但部门各自为政,部门之间少有沟通协调;同样在民主管理权力、政治权力、学术权力、行政权力架构治理框架,也少有沟通与协调。优质校建设强调整体综合办学能力提升,在内部治理上,注重部门之间的互动协调,去行政化,提高服务意识,体现不同权力主体的意志,多主体协同发挥作用。

(五)治理手段:趋向现代化

现代化治理手段主要体现用法治思维与手段和通过信息化、智能化的技术手段进行治理。以往的治理多以人和行政权力为手段,过多体现个人或团体的利益,是以人治为主的;随着国家现代治理体系与现代化的推进,法治观念深入人心,运用法律手段,健全完善现代学校制度体系,加大执行与监督,实现依法治校;依法治校促使职业教育走向现代化征程。此外,信息化技术手段的应用也是职业院校治理走向现代化的重要标志。示范校建设时期,侧重于政务的信息化;优质校时代呼唤打破信息孤岛,加强信息平台整合,内部治理信息技术平台不断升级也显示出职业院校内部治理的手段日趋向现代化方向进军。

(六)治理形态与方式:由科层式到平行网格式

以往对职业院校治理采取科层式的管理模式,校长—学院(职能部门)—专业,越到下面权力越小,自上而下管理不利于基层权力的发挥,权力配置不均衡,并将行政权力、政治权力放大,凌驾于民主管理权力之上,是一种人治的科层式的治理结构。优质校的治理则要进行模式转变,划分权力边界的同时,重大决策在相关制度保障下以民主协商、平等对话的方式实现,兼顾不同利益主体的利益。多中心多主体治理,注重权力主体之间的平等互动,权力与权力之间呈平行网格式的管理形态。

(七)治理目标与结果:由人治、法治向善治转变

新时代的职业院校更强调质量,示范校强调目标式的质量观,优质校倡导产出式的质

量观,更为关注职业院校对人的个性化发展的满足程度。和以往的人治与法治相比,优质校建设中职业院校治理的未来就是要实现善治,"善治是公共利益最大化的社会管理过程"。善治有十个关键要素,笔者认为和职业院校联系最紧密的有责任、法治、有效、合作、互动、透明。善治是优质校建设的理想王国,和传统治理相比,它更强调优质校的治理主体是公众依赖的善者,强调在完善现代大学制度或者说建立在契约制度上的善于治理,治理目的上强调实现最大化的善意治理;在治理结果上,形成和谐状态的善态治理,促使利益相关者利益达到最大化,终极目标是通过优化内部治理结构与体系实现立德树人,促进人的发展,提高育人质量。

第二节 国内优质校内部治理结构优化的案例

一、金华职业技术学院内部治理结构优化

(一)适应专业群重组需要重构二级学院

金华职业技术学院适应专业建设到专业群建设需要,以专业群建设为契机,重构二级学院,将原有的12+1(12个学院+1个基础部)调整为9+1的二级学院治理结构,打破学院壁垒,跨界组建专业群。如学前教育专业群由以前艺术学院美术教育与师范学院的早期教育、小学教育、美术教育组成,如制药专业由以前的医学院归到制药学院,如原来的财经类专业分布在经济管理学院、国际商务学院、金义网络学院,现整合为商务学院。

(二)根据院校改革实际灵活设置机构与调配职能

教务处与校企合作办合署办公,双高办挂靠在教务处合署办公,双高办主任由办公室主任兼任,常务副主任由教务处任命,双高办下设项目管理科,院办下设合作与发展办公室,进行顶层设计,进行大项目前端设计;项目管理放在教务处,设双高办副主任(不参与教务处工作)。校企合作项目管理归教务处,校企合作交流协商由院办统筹。

(三)实行二级管理模式

二级学院设有中层干部4人,大的学院设有5人,一般由书记、院长、副书记、副院长组成。二级学院机构设置形成"三办一部"的格局,内设有办公室、教科办、学工办(团委)、继续教育部,财政资金由学校承担基本建设、教师基本工资,二级学院承担所有的绩效工资。

(四)加强机制保障,向重点专业群倾斜

一是在人才引进方面向重点专业群倾斜,人才引进的费用不同,重点专业群3个,人

均 140 万元；非重点专业群，人均 100 万元。此外，在人才引进方面为控制生师比，要经教务审核，按 1∶3 比例上报，二级学院三选一。二是职称评审的政策倾斜，正高指数浙江省是 10%，因学校是优质重点校，提高 4%，是 14%；而学校职称评审规定，高水平核心专业群正高比例为 24%，比学校其他专业群多 10%；政府因金华职业技术学院好的排名，在原绩效基础上，增加 10%，设立双高建设绩效奖励，大约 750 万元，学校给予分层拨给重点专业群和非重点专业群，重点专业群 100 万元，非重点专业群 50 万元。

（五）科学绩效考核体系，二级管理尽可能调动积极性

在二级学院建立目标责任制，二级学院是独立核算单位，考核结果好的学院，学校既给钱也给予一定的额度比例，二级学院一半以上经费是通过继续教育和社会服务所得。二级学院与业务部门建立联动考核机制，但二级学院绩效考核任务完不成时，相应职能部门也扣分。

1. 基础性绩效分类管理，科学可控

金华职业技术学院基础性绩效主要部分在二级学院，学校的主要办学经费收入也是来源于学生的学费。其中，30% 分到二级学院，30% 又分成 12% 和 18%，一部分按照教师比例分，一部分按照学生比例分，一般是 22∶1~27∶1。教师超了，不多给钱；学生多了，也是不多分，两头控制。另一部分优质办学经费，70% 留在二级学院；社会服务与社会培训 95% 留在二级学院；函授不占资源的学历教育 68% 留在二级学院；全日制类占学校资源的培训或技能培养学生，50% 资金留在二级学院，留在学校的钱主要用于培养生的奖学金、助学贷款、补助的发放。

2. 教育投入与产出通过项目申报来获取

教务处、人事处等相关职能部门有专项经费，这些项目经费由其统筹，二级学院来申报获取。二级学院要发展，除获取项目外，还需要创收，这样才会有更高的收入。

3. 专业动态调整设置招生核算模型

教师引进与招生计划成正比，编制招生计划，通过数据模型来测算，这个模型决定招生计划是增还是减；专业建设进行分类建设，共分 A、B、C、D 四类，利用专业考核指标来进行评价，建立专业预警及退出机制，以此达到优化专业结构的目的。

4. 二级学院绩效考核指标动态调整，强调内涵建设

考核满分 100 分，62 分为内涵建设，其中，40 分为各种指标，如教学改革、科研项目、师生大赛、就业质量等，如人事相关的指标每年都在做调整，进行量化考核，按照专家评价法，强制分档；22 分为重点突破与创新项目，这是为取得国字号的教学成果、教学大赛、科研项目等而设置的指标。后 38 分是效益评价，主要维度是党风廉政、思政、宣传、安全稳定等常规工作。二级学院考核分为 A、B、C、D 四档，考核排在前三名的学院，个人绩效多 2 000 元。有单项排名也有综合排名，第一次倒数，分管领导找谈话；第二次倒数，书记校长找谈话，影响中层干部个人的系数；如果一直倒数，就是末位淘汰。

个别新建二级学院，发展基础薄弱，设置进步奖，增加一定的绩效。学校单列了加分项，如国家级高层次项目的突破，每分1.5万元，奖励给团队或个人。

职能部门考核满分100分，70分是常规工作，30分是突破考核，职能部门分类考核，分为与二级学院相关的部门（如教务、人事、科研）和与二级学院相关不大的部门（如后勤、保卫等），学校党委办公室、纪委不在考核范围内。部分是二级学院的联动考核。职能部门考核由二级学院来进行。

5. 绩效考核分配

建立两级分配制度。学校测算人均绩效后，机关人员拿均数，二级学院拨付一部分，剩下的由二级学院通过创收来解决，余下未拨付的用于学校的绩效奖励。校级奖励，二级学院有1∶1配套奖励，部分分配不纳入绩效工资总额，如高层次人才引进不纳入绩效工资总额，社会服务收入的25%不纳入绩效工资总额，特殊津贴等不纳入绩效工资总额。

二、杭州职业技术学院内部治理结构优化

（一）完善以章程为核心的制度体系，重点加强内控机制建设

修订了学校章程，从重"用"转向重"体"，完善以章程为核心的制度体系，建立相关质量标准，完善五纵（决策指挥、质量生成、资源建设、支持服务、监督控制）五横（学校、专业、课程、教师、学生）办学质量自我监控与自我约束机制，规范办学流程，以制度保障人才培养、校企合作、专业建设、人事制度、资金使用、社会服务、后勤保障、国际合作与交流等全领域改革。出台了学校的《最多跑一次改革实施办法》，实现从管理到治理，从管理到服务的转变，促进现代大学制度的完善。

（二）发挥委员会职能，促进学术权与行政权分离

成立发展委员会，制定《发展委员会章程》，对学校事业发展规划、重大改革举措、重大项目建设起决策与咨询作用。成立学术委员会、专业建设指导委员会、教材选用委员会，出台《学术委员会章程》，保障其在学术水平鉴定、专业技术职称评聘、科研课题评奖、学术争议仲裁等方面的审定权，确保学术权力的权威和专家治校。修订《专业指导委员会章程》，明确在专业调整、人才培养方案修订、教学业绩评定、教学成果评奖等方面的审定权。建立教材选用委员会，把握正确的政治方向与价值导向，落实习近平新时代中国特色社会主义思想进教材，确保教材使用规范有序。

（三）促进决策、执行、监督三权分立，加强多元决策与监督

巩固专家委员会、教职工大会、群团组织在学校发展战略中决策咨询机构的地位，发挥其在重大战略规划、改革举措、校企融合、专业结构调整、社会资源整合和办学质量方

面的决策咨询作用，规范校内规章制度的制定流程。不断修订专家委员会章程，健全民主党派参政议政机制，保障学生的参与权、表达权与监督权。

（四）给予二级学院更大自主权，优化二级管理

深化二级管理改革，出台二级管理改革实施意见，强化资源使用、办学设施、物理空间、经费划拨、招生就业、教育教学改革、社会服务等方面的自主权，形成独立二级运行机制，建立政校企行多方参与的理事会，发挥理事会中利益相关方在重大决策中的咨询作用。

（五）建立跨专业教学组织

学校根据专业群跨界发展需要及资源共享的要求，成立了跨学院和专业的教学组织，如协同发展中心、工程教学中心、学生创新中心等，理顺跨专业教学组织与二级学院与各职能部门的关系，极大程度实现教学资源与人才队伍的合力，出台了跨专业的教学组织的管理与考核办法，建立团队薪酬制度，给予团队负责人绩效性奖励分配权限。

（六）建立以业绩为导向的绩效考核机制

完善以绩效为导向的指标体系，将教学成果、科研项目、成果转化列为部门绩效重点，列入考核指标体系，出台《部门目标责任制考核办法》。完善校内津贴分配办法与方案、教师工作业绩计算办法，推进教师不同教学业绩之间的成果互认与转化，建立针对教辅人员与管理人员一岗一考的考核办法，将教师津贴分配于岗位、对业绩直接对接，建立特殊贡献奖和机动津贴，打破薪级和职称对薪酬的束缚，全面激发教工参与的积极性、主动性与创造性。

第三节 优质校建设背景下职业院校内部治理水平提升策略

《教育部财政部关于实施中国特色高水平高职学校和专业建设计划的实施意见》（教职成〔2019〕5号）中指出提升院校内部治理的具体策略："健全学校、行业、企业、社区等共同参与的学校理事会或董事会，发挥咨询、协商、议事和监督作用。设立校级学术委员会，统筹行使学术事务的决策、审议、评定和咨询等职权。设立校级专业建设委员会和教材选用委员会，指导和促进专业建设和教学改革。发挥教职工代表大会作用，审议学校重大问题。优化内部治理结构，扩大二级学院管理自主权，发展跨专业教学组织。"

综合国家教育部关于高水平职业院校内部治理水平提升的主要任务，依据从示范时代到优质时代职业院校内部治理观的变化趋势分析，笔者个人认为优质时代职业院校内部治理要着力体现以下方面内容：一是体现职业教育特色，具有跨界思维，以校企合作体制机制作为重点；二是适应学校自身发展实际，量体裁衣，具有学校特色，补齐自身短板，避

免千校一面;三是不能对以往的治理模式进行全盘否定,重在继承创新,例如从科层管理到网格化管理转变过程中并非对科层管理的优点进行否定;四是要动态适应职业教育改革与发展需要,适时进行制度变迁。从优质校内部治理内容、主体、结构、手段及机制方面进行转型,具体策略如下:

一、依托产教融合,不断完善现代职业院校内部制度体系

制度是一种公共产品,由个人或组织生产并进行制度供给,但由于环境变化、人们的有限理性和资源的稀缺性,导致制度的供给往往是有限的。随着人们的认识不断提高,当现有制度不能满足社会变化实际需求时,换句话说,当制度供给与制度需求处于不平衡状态时就会发生制度变迁。制度变迁理论认为,效率高的制度与结构替换原有的制度的动态过程就是一种制度变迁。治理是通过制度或规则来约束各利益相关者的关系,以达到民主自治、科学决策的目的。制度是治理结构的核心,现代职业院校制度是不同权力的契约规则,现代职业院校内部制度完善更重要的是适应工学结合—校企合作—产教融合发展的需要,不断健全内部制度体系与结构。

首先,不断完善制度促进教育改革,动态适应人才培养发展的需要。打破以往对政府的路径依赖和思维定式,以跨界的思维,适应技术变革和产业升级,对公共服务产品的需要,适应集团化办学、国际合作办学、中高职一体化办学、混合所有制、现代学徒制等多种办学模式改革的需要,加强制度保障,建立动态、有机、系统的制度体系,促进产业转型升级和职业教育转型发展的需要。其次,用制度约束权力的越位,目前大部分职业院校搭建二级管理的框架,但是二级管理制度完善与执行落实不到位,在优质校建设中要注重二级管理制度完善,落实二级科研、人事、招生、财务、教学管理规范,切实下放权力,激发基层活力。

二、大部制改革,理顺职业院校内部治理主体结构关系

职业院校内部治理主体结构关系反映的是职业院校内部治理主体的数量、关系及比例。职业院校内部治理是利益相关者集体进行选择的过程与结果,随着利益诉求的变化,治理主体逐渐向多元化发展,但这些治理主体之间存在着监督与被监督、自下而上的隶属关系、平行的契约关系等,而多元主体关系摆布主要通过治理结构优化与理顺来实现。

示范校建设时期职业院校根据内涵建设的需要设置新部门,如校企合作办公室、职业技能鉴定处、国际交流合作办,等等。根据新职能设立新部门,会带来机构人员臃肿、沟通不畅等问题。优质校建设时期要进行大部制改革,将职能相近、业务相近、资源能共享的部门进行整合,实现小部门大职能,明确职能部门之间的关系,明确职能与责任划分,确定不同权力之间的界限与边界,建立扁平式、服务性、高效运行的内部治理结构。如有的院校在大部制改革中将人事处与组织处合并。为保障决策科学性,根据职能与权力归属,成立不同利益相关者组成的专业委员会,发挥各专业委员会在科学决策中的作用,弱

化行政与政治权力。

三、升级治理手段，推进现代化治理

职业院校内部治理体系与治理能力是一个密切联系的有机整体，现代职业院校内部治理体系具有全局性、长远性和基础性，在推进职业院校内部治理从示范时代到优质时代的转变中起核心作用，但优质校治理效能发挥，离不开有效的治理手段，也就是说，治理手段的选择在一定程度上决定了职业院校内部治理能力的提升。从示范校到优质校，职业院校内部治理实质要经历着治理手段从传统到现代的转型过程，治理手段主要有法律手段、技术手段、经济手段、行政手段、竞争手段等，而对职业院校内部治理来说，法律手段与技术手段是主流，因此依法治校、信息化治理是优质校实现治理水平现代化的重要手段。

一是升级内部治理信息技术，打破信息孤岛，加强信息平台整合，变政务性平台为综合性服务与资源平台，并注重信息的互动与回应，构造回应性的信息化治理平台，如可将学生、教师、教务平台的功能整合，实现校—院—专业层级之间信息互通，构筑网格式内部治理信息平台。二是重点建立民主决策信息互动平台，利用信息化促进重大决策运行的公开透明和利益主体在科学决策上的互动，提高治理效能。三是运用大数据、云计算、移动终端、人工智能等信息技术，加大质量治理，实时采集、分析大量的教育教学信息，建立常态化的内部自我诊断与改进机制，提高自主发展能力，确保人才培养质量。四是用法律手段激活职业院校改革发展动力，健全内部管理体系，不断完善人事、科研、教学、财务等各种办事流程与议事规则，形成科学、有序的校内规范，不断提高管理者、师生、合作企业的法治思维与意识，维护不同利益相关者的合法权益，实现依法治校。

四、加强执行与监督，形成高效有序的治理机制

治理机制是在职业院校内部治理制度不断完善的基础上，长期形成的具有职业院校自身特点的独特运作方式，按照职业院校内部治理机制的功能，主要可划分为激励机制、监督机制、约束机制、决策机制、执行机制等，其中，执行机制、激励机制、监督机制、约束机制是优质校内部治理机制建设的灵魂与核心。

一是在重修具有职业教育特色和学校发展实际的章程的基础上，依据法律和章程制定政治、民主、行政、学术权力运行的工作流程、操作规范、议事规则、办事程序、组织规则，严格按照标准与规则进行执行，确保有序治理。二是建立三方监督体系，让权力在阳光下运行，确保治理高效运行，成立校内监督委员会，二级学院建立二级监督体系，在招生、人事、就业、质量、财务等方面接受社会公众监督，运用第三方评价，保障评价的公信力。三是利用学代会、教职工代表大会等民主议事机构保证不同利益群体（教师、学生、家长等）对院校重要事项的知情权和监督权。四是建立相关惩责体系，对逾越制度与权力界限的人事进行责罚，确保制度执行有约束。

综上，从示范校到优质校，职业院校内部治理的理念与核心已经发生了变化，随着职

业院校内部权力向多中心化方向的发展，在人文性、开放性与公共性理念的指导下，其治理核心也转到了主体多元化、手段现代化、结构网格化、内容全面化、过程互动化和方式协调化的理想境界。因此，优质校建设要顺应这种转变，以产教融合为主线，不断推进内部治理水平的现代化。

第四节　职业院校完全二级管理模式的构建

为全面了解职业院校职能部门及二级管理学院完全实行二级管理模式的诉求，提高各职能部门及各二级学院对现代职业院校内部治理结构优化的发展趋势的认识，为职业院校机构改革和内部治理水平提升提供理论与现实依据，编者重点对职业院校实行二级管理的必要性，二级管理模式下二级学院（部）责权利的界定、内部组织机构组织运行，二级管理模式下质量监控、教学组织运行、社会培训开展、校企合作运行、发展规划对接等问题进行调研与研究。

一、职业院校二级管理

1. 职业院校二级管理的内涵

职业院校二级管理是职业院校在二级建制的基础上，学校将管理重心与权限下放到二级学院（系），释放其办学活力，使其在学校宏观指导下，在人权、财权及物权等方面拥有并行使一定的权力，并使其成为一个独立运行的实体性办学机构，承担社会服务、人才培养、科学研究、文化传承和国际合作职能。

权力是一种支配性力量，现代职业院校内部治理中的权力是能够控制、支配职业院校内部组织和个人活动、行为方式及利益关系的一种强制性能力，其最根本的特征就是具有强制性。职业院校实行二级管理的核心就是下放权力，人权、物权和财权是权力的主要内容。根据现代职业院校内部治理中权力的性质与作用、运行方式及代表群体不同，将现代职业院校内部治理结构中的权力划分为学术权力、行政权力、政治权力、民主管理权力（其他利益群体的权力）四个组成部分。这四种权力构成了现代职业院校内部"党委领导、校长负责、专家治校、民主管理"的现代职业院校内部管理体制。

2. 职业院校二级管理的特征

职业院校二级管理不同于普通本科院校的二级管理。一是组成不同，普通本科院校以学科为单元组成二级管理单位，而职业院校以专业为核心组建二级管理单位。二是属性不同，职业教育作为独特的教育类型，具有跨界性，与区域经济发展联系最为直接与紧密，与行业企业发展形成命运共同体。因此，二级管理中也要有相关行业企业参与，形成共同治理的格局。三是办学基础不同，职业教育发展较为缓慢，办学基础相对于普通本科院校来说相对薄弱，突出表现在组成二级管理单位的规模要小于普通本科院校的二级学院。四是二级管理在办学层级上和普通本科院校相比要略显单薄，普通本科院校二级管理是部—

学院—系—学科这样的层级摆布，职业院校缺少其中两个层级，直接是系（学院）—专业。因此，从职业院校二级管理这些特征来说，职业院校的二级管理模式运行要兼顾职业教育特点，同时也要考虑到学校自身发展的基础特点，适度下放管理权限，不断提高自身的治理水平。

二、大连职业技术学院实行完全二级管理的必要性

1. 学校办学内涵扩大与发展的需要

目前大连职业技术学院发展处于重要转型时期，办学内涵与办学规模不断扩大，主要表现在七个方面：一是学校办学功能扩大化，随着开放大学的加入，学校在开展职业教育办学的同时，还具有开放大学的功能；二是办学规模不断扩大，在校生数量不断增加，招生计划由2018年的4 600人扩大到2019年的6 100人；三是办学形式日趋多样性，学校在举办全日制职业教育的同时，开展自学考试、成人高考、远程网络教育等继续教育，开展老年教育、社区教育等非学历教育；四是办学层次增加，地区职业教育资源整合中将三所中等职业院校并入该校成为附属中专；未来学校将探索四年制本科教育项目试点，学校的职业教育办学层次将囊括中职、高职、本科职业教育三个层次；五是学校教学对象全民化，企业在职员工、下岗工人、新型农民工、退役军人、退役运动员、退休人士等，只要有技术发展与职业培训需求就是学校的教学对象；六是专业发展跨度变大，适应产业集群化发展的趋势，专业集群发展的趋势日渐明显，专业之间融合度不断加强等，专业管理要突破单打独斗，根据类别相通、资源共享等原则重新组建二级单位；七是办学空间分散性，学校现有普湾、南关岭、夏家河子、白云四个校区，甚至一个学院两校区办学（如旅游学院、建筑学院），浪费了大量的人力、财力、物力和时间，教育资源如何分配与统筹等问题随之而来，管理的难度再次加大，管理效能难以提升。综上，办学功能的扩大、办学规模的扩大、办学层次的增加、专业发展的跨界发展等问题，使办学管理变得更为复杂，管理的跨度变大，以往的管理体制受到挑战，整合资源、有效管理、科学发展被提上日程，而二级管理模式则是解决这些问题的有效途径，因此，目前大连职业技术学院实施二级管理模式迫在眉睫。

2. 学校、学院（系）自主发展的需要

中国特色现代大学制度旨在构建"依法办学、自主管理、民主监督、社会参与的现代学校制度"。二级教学单位是办学主体，也是教学实施的主体，长期以来学校的一级管理模式使二级学院对学校形成较强的政策依赖，在教学改革和社会培训等方面"等靠要"的思想较为严重，如在社会培训上，二级学院在很大程度上等待政府或企业找上门来的培训项目，不主动找项目，缺乏主动意识，处于被动地位，不利于二级学院办学主体地位作用的发挥和自主发展能力的提高。因此，要缩短管理跨度，下移管理重心，提高管理效益，下放管理自主权，释放和激活二级学院发展活力，实行二级管理势在必行。

3. 学校建设高水平、现代化职业院校的需要

治理水平现代化是现代化的职业院校建设的重要标准，职业院校治理水平现代化在形成全社会共同参与职业教育格局的同时，还要形成充满生机活力的现代职业院校制度体系。大连职业技术学院2017年被列为省"双高"立项建设单位，现代职业院校制度建设和职业教育体制机制改革是学校"双高"建设的重要内容，如何下放人事、财政等方面权力，激活二级学院的办学自主性、积极性与创造性，是学校管理体制改革的首要任务。随着职业教育现代化进程的推进，国家特色高水平现代化职业院校建设项目的开展，职业院校治理水平的提升，迫切需要职业院校配合政府简政放权的需要，形成"宏观有序、内部搞活"的二级治理格局。因此，在现代化职业院校建设征程中，大连职业技术学院迫切需要实施适应学校特点的二级管理运行模式，以提高治理水平。

三、大连职业技术学院二级管理存在的问题和原因分析

大连职业技术学院目前组织架构中有22个党政职能部门、12个学院、1个部，在形式上建立了二级组织结构，在教学方面也下放了一定的自主权，但实质上实行的仍然是一级管理为主、垂直式管理模式，二级学院办学主体地位不突出，学校权力分布的形态呈倒三角金字塔型，即学校—职能部门—二级学院—专业教研室，自上而下，越往下，权力的占有越小。学校二级管理中存在的问题具体表现在以下几个方面：

（一）二级管理中存在的问题

1. 现代化的治理意识不强

学校目前现代化治理意识尚需加强，表现在行政权力凌驾于学术权力之上，缺少底层的利益诉求表达机制，学术组织有民主监督组织但作用发挥有限，二级学院并没有建立与学校民主参与相对应的民主议事机构，如二级教职工代表大会、二级学院监督制度等。

2. 信息化治理手段不够先进

现代职业院校治理的现代性表现在治理手段上的先进性，但学校目前校园信息化建设还不能满足二级治理的实际需要，信息化数据平台没有得到应用，数据孤岛现象严重；智能化治理手段缺失，例如年度教学工作量、科研工作量统计还停留在科研处管理人员进行人工核算的水准，降低了管理效率；信息互动系统的缺失，民主参与过程复杂、难以落实，如二级的人事考勤不能和人事处考勤结合起来，对学生满意度调查仍停留在纸笔阶段；大数据应用与分析没有平台，校园相关基础数据不能融通等。

3. 二级管理制度不完善

2012年大连职业技术学院初步建立二级组织架构，但是权力只是个别下放，并没有落实二级管理的运行模式。一是各职能部门和二级学院的责任、权力和利益没有准确划分；职能部门的机构设置也局限在政府的实际需求而增设部门，没有从职业院校跨界性和职业

性的特点与实际出发,导致二级学院和职能部门之间的权力边界不够清晰,例如学校目前已建立了校—院—教研室三级教学质量监控体系,但是在实际运作过程中,存在系部监控主体职责不清的问题,使质量监控效果大打折扣。二是与二级管理相应的制度体系尚不健全,二级教学运行制度体系、二级社会培训管理制度体系、二级科研管理制度体系、二级人事管理制度体系等都没有建立起来。

4. 没有形成相应的运行程序,运行不畅通

在学校内部学术权力与行政权力的关系上,学校放权不够,放权后如何约束是摆在面前需要迫切解决的问题。自上而下的顶层设计缺少工作流程,职能部门管理工作流程与规范及二级学院内部配套管理流程与规范没有建立起来,审批程序复杂、提供佐证较多,致使上下疲于应付、被动工作;二级学院主动性发展意识不强,对学校职能部门有较强的政策依赖与行政依赖,更多时候是将制度束之高阁,有制度而无执行。

5. 二级监督机制不完善

对二级学院监督不足,考评机制不够健全,评价标准没有建立起来,还需要动态进行调整与完善。学校已经对应建立了相应的年度绩效考核指标,考核指标内容更多是对工作内容与过程的考核,对结果或者工作质量的考核重较小,考核的要素相对不够全面,例如每年教育部要从全国职业院校中评选出"教学资源50强""社会服务50强""国际合作50强",这些目标关系到未来学校的可持续发展,相应指标是以数值大小作为依据,如学生就业率、留学生数量、开发国际标准数量、社会培训人数等,如果这些指标值不纳入对二级学院考核目标评价指标,仅把国际合作工作内容与过程纳入,这样的考核倒逼改革的效果是不明显的,因此需要建立一种适合学校机构布局、现有发展水平的二级考核目标评价指标体系,切实发挥二级管理评价考核的导向作用,不断健全二级监督与约束机制。

(二) 二级管理中产生问题的主要原因分析

1. 主观原因

二级建制以来,一直没有适应这种二级管理模式的需要。一是学校在推进二级管理方面的力度不够,2011年学校机构改革就讨论过,多次提上议程,但却没有实质推进。二是学校的办学资源不足以支撑二级管理模式的运行,主要表现在硬件和软件上,信息化建设水平不能够满足二级管理的实际需要,例如,学校烦琐的现场签字程序大大降低了管理效率。三是现有办学规模不足以支撑二级管理模式的实施,就2019年(数据平台2019年8月底)在校学生数来说,1 000人以上规模学院仅有4所,分别是机械工程学院、信息工程学院、电气电子工程学院、工商管理学院,各学院2017年招生分布情况如表3-1所示。此外,三所中等职业学校相继加入,加之与开放大学的整合进程推迟,延缓了学校实施二级管理模式的进程。

表 3-1　大连职业技术学院 2017 年招生分布情况

序号	院系名称	在校学生数
1	机械工程学院	1 033
2	电气电子工程学院	1 014
3	汽车工程学院	898
4	交通工程学院	470
5	信息工程学院	1 237
6	建筑工程学院	762
7	经济管理学院	823
8	工商管理学院	1 028
9	社会事业学院	761
10	国际商务语言学院	853
11	学前教育与艺术设计学院	965
12	旅游与酒店管理学院	974
	合计	10 818

2. 客观原因

按照属地管理原则，学校实施完全二级管理权限下放的程度客观上取决于学校所处的社会大环境。东北（辽宁、大连）政府的"放管服"改革直接关系到学校的"放管服"改革，整个东北由于经济及政治体制原因，政府权力下放程度在一定层面上会影响学校权力的下放程度，地方政府对权力控制过死，学校自身发展权力受损。2017 年辽宁省教育厅发布了《进一步深化"放管服"改革》，辽宁省教育厅检视出 30 项不适应教育改革发展需要的问题事项，深化"放管服"改革，取消事项 10 项，下放事项 13 项，优化简化流程事项 5 项，实行分类管理事项 2 项。这 30 项事项涵盖高校专业设置、招生考试、人事管理、学位管理、对外合作等多个领域。这次下放权限主要分三类：一类是下放高校办学自主权的。比如将省属高校绩效工资总额、人员公开招聘等给予高校自主权。一类是促使学校办出特色，保证办学质量的，高校可自主设置专业。一类是给学校松绑减负的，减少审批备案等环节，给予高校更多时间治校育人。因此，受上级政府权力下放程度的影响，学校二级管理也要有选择、适度、逐步下放权限。

四、大连职业技术学院二级管理模式构建的建议

1. 转变学校管理的理念

理念转变是学校二级管理模式实施的先导，理念转变要变管理理念为治理理念，对自

主化管理、民主化管理、规范化管理、制度化管理、权益化管理进行探索，最终实现依法治校。从以下几个方面进行突破：从学校治理主体上进行多元治理，发挥二级学院在办学主体中的主导作用，树立二级学院是教学主体的理念；从治理手段运用上，加强数字化、智能化管理手段应用，进行信息化治理。坚持立德树人，树立以人为本的理念，一切以学生发展为根本，职能部门要实现管理二级教学单位到服务二级管理单位的转变，二级学院的根本任务是培养人才，要坚持以学生为中心，加强管理，用好、用足、用活学校赋予其的各项权力，为学生个性发展营造良好的发展环境。

2. 加强顶层目标设计，科学设置二级管理目标

二级管理目标设置就是要形成学校宏观引导与管理，职能部门相互协调、分工合作，二级单位部门自主办学的运行机制。目标对二级学院发展具有导向作用，要不断完善目标管理、过程监控、责权清晰、分级负责、运行顺畅的院校两级管理体制，二级管理目标体系顶层设计是关键和重点，因为其决定了哪些权可以下放，下放到什么程度，执行到什么程度。

一是根据上级要求、学校发展战略、结合职能部门工作计划和社会需求，科学设置学校目标和二级管理目标，将教师个人目标、二级学院目标、学校发展目标融为一体，保证目标的权威性与可行性，此外，在二级管理目标设置中坚持动态性、特色性、全面性原则。二级学院目标设置要包括专业建设、课程改革、校企合作、招生就业、安全稳定、国际合作、文化育人、学生管理等方面，既有常规目标，又有特色目标；既有定性目标，又有定量目标。

二是目标执行，将顶层目标设计后，要将目标具体化，结合学校发展战略年度工作计划和要点进行任务分解，与二级学院签订年度目标责任书，各职能部门在二级学院目标完成过程中进行管理、服务与监控，助推二级学院目标的完成。

三是目标评价与反馈应用，每年根据数据平台和二级学院质量年度报告、目标考核佐证等，对二级学院应然目标和特色工作目标达成情况进行评价，将评价结果运用到绩效分配中，并将未完成目标进行反馈，落实到下年度工作目标设定中。

3. 重组机构，调配学校二级学院管理权限

一是依据专业群与产业群设置，重新组建二级学院。在使二级学院在校生达到一定规模的同时，便于专业之间资源共享与互促融合（学生社团、技能大赛、实习就业等各方面），提高专业的竞争力与综合服务能力。

二是重构行政职能部门权限。在二级管理模式运行下，将行政职能部门的服务功能摆在突出位置。例如，在二级管理体制下，要建立财权与责任明确的两级财务管理体制，财务处的管理主要是核算学校各院的经费总额，具体的经费预算、审批、使用、调整权则下

放到学院。通过个别部门调研，我们认为二级管理模式下，职能部门与二级学院职能转变，如表3-2所示。

表3-2 二级管理模式下，职能部门与二级学院职能转变

项目	二级学院	学校职能部门
财务管理	经费预算、筹措、审批、使用、调整权	财务处经费核算、划拨、监督
人事管理	人才引进、职称评审、岗位设置、人员招聘、人员调配、职称评审、薪酬分配、人事任免	人才引进政策服务；职称评审标准；人才流动与调配；需求导向为二级学院发展招聘人才；学校师资团队分级标准与管理
教学管理	学校教学计划执行者，教学规划、实施、管理、评价监督	学校人才培养目标总体设计、教学资源筹集分配、学校教学信息综合、专业结构优化调整、教学改革方案以及教学工作的计划、管理和服务
社会培训	社会培训项目争取、实施及落实	社会培训备案、政策、监督、评价
校企合作	校企合作协议履行，校企共同培养人才，共同监督教学质量	校企合作协议规范、备案；合作企业标准；校企合作过程监督
质量监控	建立二级质量管理体系，实施二级质量监控	质量标准构建；将质量考核结果应用与反馈，与职称评审、职位晋升、绩效发放等结合

三是根据发展需要，调整二级学院权限，适度赋权。财务自主权下放范围包括经费筹措、经费使用、经费分配；人事自主权下放范围为人才引进、职称评审、岗位设置、人员招聘、人员调配、薪酬分配、人事任免；物权下放范围为购置、调配、使用、维护等。在人财物权下放过程中，要将学校二级学院的权力做加法，学校行政职能部门权力做减法，具体权限分配如表3-3所示。

表3-3 二级管理模式下权力划分边界

项目	二级学院	学校职能部门
财务权	经费筹措、经费使用、经费分配	经费核算、划拨、监督
人事权	人才引进、职称评审、岗位设置、人员招聘、人员调配、薪酬分配、人事任免	人才政策解读、备案、结构优化、发展方向、人力资源规划、人员招聘落实
物权	购置、调配、使用、维护等	资源统筹分配、备案、审批流程简化

4. 改革二级管理运行机制

进行大部制改革，理顺关系，明确职能部门职责边界。各职能部门进行简政改革，简化工作规程，建立工作流程与规范，让二级学院摆脱权力的行政束缚；各职能部门根据发展需要，引入信息化治理工具，进行数据化治理；二级学院根据自身工作内容对应学校职

能部门所立规范与标准，建立内部执行流程。如《大连职业技术学院教师规范》《大连职业技术学院质量监控实施办法》《大连职业技术学院校企合作实施办法》《大连职业技术学院二级分配办法》《大连职业技术学院科研奖励实施办法》等。

5. 二级管理下的院（系）的内部管理

管理层级下放、管理重心下移后二级学院接受更多转移来的权力，必须要建立相应的内部制度，为权力承接与执行保驾护航。二级学院要建立相应的决策体系、执行体系与评价体系。建立决策体系，明确管理核心，主要是建立院长负责制，院长负责制也是多样型的，是教授委员会为决策机构，还是党政联席会为决策机构，抑或是院务工作会议为决策机构，等等，不同学院可根据自身情况进行选择。二级学院发挥专家治校和民主决策作用，对应学校各委员会建立对应二级委员会，如二级专业指导委员会、学术委员会、教代会、学代会、家委会、院务工作会等。二级学院内部管理人员配备。建立院办公室，设立办公室主任，总体协调院务工作，配备与职能部门对应的管理人员，管理教学、科研秘书、人事、财务、社会服务等，本着精简原则可身兼两责或三责。建立二级学院执行系统，发挥专业教研室执行作用，健全教研室内部管理细则。建立二级学院内部评价反馈体系，定期进行内部评价，监督学校赋予二级学院权力的执行。

6. 提升学校行政职能部门的宏观调控能力

院校二级管理模式运行，对学校行政职能部门提出新的挑战与要求。一是学校职能部门要积极进行角色转换，要实现从事务管理向战略管理的转变，从直接管理到目标管理的转变。二是要理顺关系整合职能，精简机构，由权力的行使者变为权力的监督者，学校职能部门在进行"放管服"改革的同时将工作重心从以前的事前监管变为事前引导、事中服务与事后评价。三是职能部门要形成部门工作规范，优化工作流程，减少行政审批环节，让二级学院有更多时间进行教书育人和内部治学，而不是花费大量精力往返于职能部门之间。四是对职能部门管理人员素质提出了更高的要求，职能部门管理人员要不断提高服务意识，要具有对职能工作政策的精准把握能力，建立相关标准，加强与二级学院的沟通能力，将工作标准与方向落实到实际教学运行中。

7. 建立院系二级管理制度保障体系

学校可操作的配套制度是这项改革的最后一公里。院系二级管理模式下，必须有相应制度进行保障，学校根据《大连职业技术学院院系二级管理体制改革的实施指导意见》进行顶层设定，相关职能部门出台《院系二级财务管理实施办法》《二级学院经费分配管理办法》《院系二级科研管理实施办法》《院系二级人事管理实施办法》《院系二级教学运行管理实施办法》《院系二级教学资源配置管理办法》《院系二级学生管理办法》《院系二级党建管理办法》《大连职业技术学院工作规则》，等等。例如，在学校制定了一系列管理制度，如出台教师工作规范、学生管理、教师评估、实践教学管理等方面的相关规定及规范，二级学院因专业组成及类别不同，也要在学校相关制度规范下制定适应自身特点的二级管理制度体系，这些制度相互支撑、相互衔接，构成了一个完整的工作制度体系。

综上所述，面对学校外部发展的大环境，立足学校内部发展的诸多问题，大连职业技术学院实行二级管理运行模式已势在必行，学校要在新一轮机构改革中，从顶层加强设计，形成现代职业院校二级管理的大连职业技术学院方案，构建并实施具有学校特点、适应学校自主发展的二级管理运行模式，加强机制完善，调动全员参与改革与发展的热情，提高学校内部治理水平，促进学校向现代化的高职院校进军。

现代职业院校
外部治理篇

第四章
现代职业院校外部治理结构

第一节　现代职业院校外部治理结构及其角色定位

一、现代职业院校外部治理结构内涵界定

1. 现代职业院校外部治理结构内涵

从利益相关者理论分析，职业院校主要利益相关者有政府、行业、企业、教师、学生、家长、社会力量等。现代职业院校外部治理结构表现的是职业院校与政府、行业、企业及其他经济社会之间的关系。而现代职业院校外部治理结构优化就是要极大程度平衡它们之间的诉求，建立相关保障制度，促进外部利益相关者之间建立良性的、互动的协作机制。因此，从利益相关者角度出发，本人认为，现代职业院校外部治理结构实质上是现代职业院校外部生态关系，是平衡外部利益相关者（政府、行业、企业和社会力量）与职业院校关系的所有政策要素与制度安排的总和。

2. 现代职业院校外部治理结构特点

（1）跨界性。现代职业院校外部治理体现的是学校与社会之间的一种新型关系，是所有与职业院校利益相关者之间通过制度重构与协调机制所建立的一种生态平衡的关系，更多是因为产教融合发展进入实体化阶段，职业教育集团—产教联盟—产业学院—混合所有制等产教融合体出现所带来治理制度的变迁，和内部治理结构相比具有跨界属性。

（2）多中心性。随着产教融合实体类型出现，资本、人力、管理、技术等要素在产教融合实体间互动，以不同组合形成及占有比例参与或持股职业院校人才培养与内涵建设全程，成为一种新型、易变的合作关系，因此现代职业院校外部治理主体也存在多中心性。

二、现代职业院校外部治理中利益相关者诉求分析

1. 政府在外部治理中的利益诉求

政府是现代职业院校外部治理的统筹者与指导者，在现代职业院校治理结构中以顶层设计者、指导者、办学出资者等角色出现。因此，从其角色地位来看，政府对职业院校发

展的作用主要以财政支持、政策保障和评价监督三种形式进行,其中最主要的形式就是政策保障。近些年来,国家关于职业教育的政策密集出台,如国家职业教育改革实施方案、职业教育提质培优行动计划、技能行动提升计划、国家特高校建设实施方案等,为职业教育发展带来了一系列政策红利。而辽宁省、大连市配套政策的出台也为地方职业院校发展创造了一定的发展场域,如辽宁省部省共建项目、大连市特高校项目、大连职业教育改革实施方案、大连产教融合实施方案等,既为职业院校指明了改革了方向,又为职业院校发展厘清了建设路径。而财政支持是政府对职业院校调控管理的物质基础,包括常规的生均职业教育经费的拨款、激励性的财政支持和项目式财政专项支持等,为职业院校改革发展提供强大的经济后盾,政府的拨款方向和力度从一定程度表现出对职业教育办学方向的一种调控与指向。政府的评价监督是对职业院校办学质量的一种过程性监督,也是对职业院校建设资金所取得成效的一种考量,通过评价来审视职业院校建设中存在的问题及改进方向,从而上升到政策高度,对职业院校进行政策性投入。

通过以上对政府职能分析可以看出,政府对职业院校的政策保障、财政支持,以及评价监督的目的主要在于对区域人力资源的一种投入,促进提高职业院校整体的办学质量,提高人才培养对区域经济发展的供给结构与供给数量、质量,通过人力资本投入,取得人才收益,以人才促进当地产业转型升级和经济社会的持续发展。

2. 企业在外部治理中的利益诉求

和职业院校公益性不同,企业是一种盈利性的组织,其投资职业教育的根本目的在于经济效益的增值。企业对职业院校的投入主要表现:一是资金上的投入,设立企业奖学金和助学金,为企业冠名大赛、实训设备提供资金支持,为实习学生提供劳动津贴等,为学生发展提供资金支持;二是人力上的投入,选派技术人员参与高职人才培养全程,如人才培养方案设定、课程开发、授课等;三是场地上的投入,在企业开辟实训场地和实训厂房,用于学生实习、教师企业实践等。

企业在现代职业院校发展过程中的资金、设备、师资、智力等的投入,其利益诉求是,通过参与职业教育人才培养,将人才培养标准融入高职人才培养全程,培养自己所需的适用型人才,从而将企业员工入职的培训成本前移到职前,节省更多的培训成本,降低人力资本,最终目的是提高企业的经济效益,创造更大的社会效益。

三、现代职业院校外部治理中各角色定位

2010年《国家中长期教育改革和发展规划纲要(2010—2020)》提出"建立健全政府主导、行业指导、企业参与的办学机制。"这同时指出了职业院校外部利益相关者在参与现代职业院校外部治理的过程中体现的角色定位,政府处于宏观主导者的地位,行业是中观指导者的地位,企业是微观参与者的地位,在人才培养中与现代职业院校具有同等重要的地位。

1. 政府——现代职业院校外部治理的主导者

政府在现代职业院校外部治理中担任宏观主导者的角色，为职业教育发展掌控方向，促使人才培养数量、质量及规格适应区域产业发展的实际需要，能够满足社会发展的需要，促进社会进步。长期以来，政府是举办职业教育的主体，是职业教育的投资者。传统职业教育被政府控制过死，在政府的管理下被动发展，限制了职业院校自身发展活力，在新的时代背景下，政府的角色应转换，给予职业院校更多的自主权，从权力型政府向服务型政府转型。因此，政府要发挥好宏观主导者这一角色作用，需要在以下几方面进行努力：一是对职业教育办学行为进行政策引导，加强政策保障与财政支持力度；二是将人事、资金分配、职称评审等权力下放，激发高职院校自主发展能力；三是转变自评自说、自说自话的现状，进行管办评分离，引入第三方评价机制对职业院校进行评价。

2. 行业——现代职业院校外部治理的指导者

行业是现代职业院校外部治理的指导者，具有强大资源聚合及协调指导功能，具体扮演行业信息统计分析者、人才培养指导者的角色，同时也是职业院校专业链与产业链精准对接的中间者，是维系专业链与产业链对接的纽带，指导整个行业人才培养。国家要推进50个产教融合型城市试点，要在每个城市遴选3~5个产教融合型行业，促进产教融合政策、行业组织更好地介入产教融合发展，应该发挥好在跨界治理中的协调指导者作用，特别要发挥行业在制定行业标准、组织技能大赛、指导监督校企合作开展、参与技能鉴定、决策咨询建议、推介企业信息、参与企业管理、联合中小微企业等方面的职业教育指导功能。主要表现在以下几个方面：

一是做好专业链、产业链数据的对接者与提供者。行业掌握区域内各行业的人力资源数据、人才需求数据、现有从业人员的数据及行业未来发展的数据，适时发布行业的人才需求预测分析报告，为职业院校专业结构调整与优化提供基础和依据。因此，有必要建立相应的行业人才培养数据与职业人才培养数据对接平台，更好地发挥行业的数据聚合与对接作用，发挥其在专业规划、布局调整、人才供需、社会评价组织等方面的主体作用，做好政府的委托者。

二是人才培养对接行业标准的参与指导者。行业指导委员熟谙行业发展的新趋势，对行业前沿发展的新技术、新业态、新模式、新技能有更为清晰的把握。因此，在专业标准对接行业标准中，行业指导委员会指导不可或缺；在课程内容更新与体系优化方面，行业前沿的技术与模式融入课程内容，离不开行业的指导作用。

三是促进产教资源共享的组织协调者。行业指导委员会要发挥中介和纽带作用，作为校企合作的牵线者和中枢，促进校企深度合作。为了适应专业群建设的思路的转型，相近行业指导委员会可以组成行业指导委员会群落，对应相应专业集群和产业集群，形成产业群—行业指导委员会群—专业群，促进教学链、产业链和人才链的三链精准对接，指导职业院校的专业群转型升级和专业群的内涵建设。

3. 企业——现代职业院校外部治理的参与者

随着校企合作的开展，校企合作企业由国内走向国际，由实践层面的校企合作走向制度、机制层面甚至走向文化认同层面，校企合作的内容由以前单一的人才培养走向多维的合作，包括人才培养、课程开发、教师培训、实训基地、联合招生、共同评价、招生就业、技术研发、文化融合等多个角度，以及企业介入资本、人力、设备、技术、管理等全要素。

随着产教融合的深入，企业在构建新型的学校、社会、行业、企业及政府等新型关系中，已处于与职业院校人才培养的同等重要地位，是人才培养的实施者，校企从单一的人才开发走向职业教育制度改革，促进校企之间供给—需求—供给这样一个闭环的关系，也使校企之间合作螺旋上升，形成你中有我、我中有你的全要素、全过程互动及良性发展循环化，促进校企由松散型合作走向紧密型的融合。

第二节　现代职业院校外部治理结构优化与路径

一、理顺外部治理相互关系

1. 政府与职业院校

政府与职业院校在外部治理中的新型关系主要体现在以下两方面：一方面，政府是职业院校的举办者，政府的政策约束职业院校的办学行为，同时政府也是职业院校办学资金的支持者，职业院校要长远发展，就要进行一些前沿的办学改革，而这些改革能够持续进行，有赖于政府的财政支持，例如职业院校的升本中对高层次人才的引进离不开政府的政策与资金支持；另一方面，政府也是职业院校办学的评价者，政府要对职业院校的发展和资金支持的使用效益进行评价。但是目前的情况是当前政府省市的绩效考核评价，用统一的标准去考核职业院校，不利于体现职业院校的发展特色，也不能客观公正地评价职业院校的办学水平。

因此，要建立政府与职业院校新型关系，激发职业院校发展活力。首先，政府要进行职能转换，由管理向指导服务转变，加强统筹，根据职业院校发展实际出台宏观性政策，为职业院校发展进行政策支持，同时要针对职业院校发展实际顶层设计改革项目，进行财政支持，以项目的方式带动职业院校改革发展。其次，政府要简政放权，加大对职业院校人才引进、员工招聘、社会服务分配、职称评审等权力，下放行政审批力度，赋予职业院校更大的自主权，尤其是在对职业院校评价上，政府评价的导向要有所改变，关注职业院校在评价与发展中的主体地位，以评促建，以评促改，通过评价让职业院校看到问题与差距，加强自我诊断、自我改进，促进自主发展。

2. 行业与职业院校

职业院校与行业密不可分，近些年国家密集出台的政策拉近了行业与职业院校的关系，但二者的关系仍旧存在一些问题。职业院校在办学过程中，一般更倾向于与企业直接建立合作关系，往往忽视行业在职业院校办学过程中指导作用的发挥。行业依托职业院校组建了不同的行业指导委员会，但在实际过程中，行业指导委员会指导作用发挥得不够明显，行业与职业院校对话交流机制需要进一步完善，具体来说，行业指导委员在行业标准融入、人才培养方案修订、帮助职业院校学生就业、指导人才培养过程方面还需进一步加强。

行业是企业资源的集成者，相对于政府和企业，行业与职业院校的关系，是介于政府和企业中间的体现中观层面的一种关系，行业为职业教育发展提供全面的信息，包括区域人才需求数量、类型、规格及供给结构等方面。而作为职业院校也要突破专业的束缚，突破具体岗位对人才的要求，对接岗位群组建专业群，以岗位群—职业链—专业链的逻辑思路进行改革。行业的角色定位和资源高度聚集与职业院校发展密切相关、紧密相连。因此，行业在发挥指导作用的同时，更多要为企业与职业院校联好姻、牵好线，促进校企对接与融合。

3. 企业与高职院校

校企合作、工学结合、产教融合是职业教育发展的必由之路，企业在职业院校发展中作用已由参与者变为主体，例如德国的双元制，"校中有企、企中有校"，校企双元协同育人一直是校企合作办学、产教深度融合的理想状态，但是目前校企合作形式化、校热企冷、校企合作两张皮的现象仍旧存在。

新的职业教育法明确了企业在职业人才培养中与职业院校的地位同等重要，将企业参与人才培养赋予法定职责。实际上，校企的诉求是对等的、互补的。职业院校能够为企业提供零距离就业、上岗即能顶岗、顶岗就能适岗的人才；职业院校希望企业为学生提供稳定的就业岗位，更好解决毕业生就业问题，同时也希望学生培养适销对路、符合企业岗位实际需要的技能，校企双方利益的契合点正是建立合作关系的对接口与关键点，也是合作的重点。

职业院校的学生需要真实工作环境来增长技能，而企业正好有这样的资源；企业需要成熟的技术人才，而职业院校培养能将企业岗前培训前移到学校培养过程。企业参与职业人才培养全过程，如文化、专业标准、技能大赛、教师企业实践、实训基地建设等，有利于职业人才培养质量的提高，还能够促进校企文化融合、教师双师素质提高、实践场所的仿真性提升等。企业能够节省人力培训的成本，但是企业不是以亏本为底线的，更多希望职业院校的技术服务能够为企业经济效益带来增值，职业院校的技术服务转化为现实生产力，助推企业在行业中保持领先地位。二者合作利益契合点正在于此，因此，建立职业校企合作关系并逐步走向深度融合，在人才培养中处于平等地位是发展的必然。

二、现代职业院校外部治理结构的建立

从利益相关者角度来说，现代职业院校外部治理结构主要是加强外部的政策与机制保障，主要有三大机制进行保障。

1. 建立制约机制，约束外部治理的责、权、利

发达国家在校企合作、产教融合方面，往往出台一系列与之相关的行业、企业条例，将对行业、企业参与职业教育办学的具体行为方面的要求上升到法律层面。也对行业、企业参与职业院校办学过程中可以行使的权利与履行的义务进行详细的规定。同时，职业院校也可以比对这些规定要求对行业、企业参与职业教育活动的举措进行监督。在我国，2022年出台了职业教育法修订法案，对企业参与职业教育做出了地位与权利的规定，但在各地和各院校实践中，行业企业参与职业院校的办学行为往往以二者签订的具体合同为准。职业院校寻求校企合作往往还是靠个人关系维系，处于被动地位。因此，各地政府要在职业教育法新修订的法律框架下，建立地区的产教融合、校企合作政策与国家职业教育法修订对应，强化地区企业在参与职业人才培养中的地位与社会责任。

同时，在国家层面，我国可以学习发达国家职业教育经验，出台相关的行业企业条例及管理办法，对行业企业参与办学行为进行约束；同时改变我国惯常法律法规表现的目标性、原则性的描述方式，职业教育各条例、准则要能够细化到操作的层面，将政府、行业、企业、学校和社会力量参与对高校办学自主权的权力范畴进行划分，以更好明确权力的边界和参与范围。

2. 建立校企合作利益补偿机制，保障利益相关者深度参与办学

利益相关者在参与现代职业院校外部治理的过程中，如果利益相关者认为存在威胁，并感到这并非是一种互惠互利的关系，可能会导致参与治理行为的终止。因此，协调利益相关者的利益，促进各自利益最大化，切实对保障机制进行完善，让参与治理的外部主体具有安全感，稳定利益相关者参与现代职业院校办学的行为和利益不受损失。一方面，在合作前列出企业用于职业教育办学的费用，包括企业用于培训学生的实训基地、厂房的损耗等；另一方面，对学生参与企业顶岗实习过程中可能遇到的系列问题进行权责的明确，对于学生在实习中的报酬、交通和食宿津贴、保险等方面的补贴进行规定，或者能得到财政的支持。此外，针对企业参与培养的学生不到企入职或入职就换工作等情况，企业要与学校、学生签订三方面合约，针对不同的违约情况缴纳适当的违约金，保障校企双元人才培养不流失，避免学生频繁换工作；为了充分考虑到学生择业的自主权，只能出台相应的保障措施，由政府买单，对企业提供相应补助与补偿，以使企业利益不损失。

3. 建立政策激励机制，调动多元主体参与外部治理的积极性

日本的松下集团倡导企业社会责任感的发挥，认为社会为企业发展提供环境与机会，企业要尽所能反哺社会，这是企业的社会责任。西方发达国家也十分重视企业社会责任的履行与发挥。在我国，企业往往出于对经济效益的考虑，不希望更多参与职业院校的发展，即使参与，也是在不违背自身发展效益的条件下。而职业教育凸显的职业性要求企业与职业院校合作培养人才。部分发达国家以税收优惠与减免的方式，补偿企业参与人才培养与社会培训的损失，从而为牢固而稳定校企合作关系维系提供保障。如为接受企业实习的学生按接收学生情况进行生均资助、专项补贴；也有的根据职业教育发展实际拓宽融资

与资金来源渠道，通过信贷支持、土地转让等政策支持，让企业尝到参与职业教育人才培养的政策红利。

第三节 现代职业院校外部治理结构理想状态与策略

一、现代职业院校外部治理结构存在的问题

1. 多头管理状态

外部治理结构存在问题总体表现为多头管理、统筹乏力状态，职业教育办学主体多元，有政府办学、行业办学等，办学资源分散，整体竞争力不足；政府简政放权不够，致使公办职业教育自身办学自主权较小，发展活力不足；民办职业教育在一些政策上不能与公办职业教育取得同等地位，在规范性与标准性上有待提高；企业作为职业教育又一办学主体，不能实质性地参与到职业教育改革发展与人才培养中；行业参与职业教育指导发展不足，区域职业教育质量保障体系不健全，等等。

2. 横向条块分割式管理缺少互动

当前职业教育行业办学、企业办学、劳动部门办学等多头办学格局使对现代职业院校管理呈现条块分割式管理的局面，各办学部门各自为政，缺少沟通互动，办学质量良莠不齐，教学资源利用得不到合理配置，用系统科学理论来诠释就是不够系统，导致职业教育统筹乏力。因此，亟须理顺条块管理体系，构建系统互动的外部治理体系。

3. 利益相关者权责不清、动力不足

如前所述，职业院校、政府、行业、企业和科研院所是现代职业教育发展利益相关者，后四者是外部利益相关者，这样构成了职业院校外部治理的相关利益主体，当前现代职业院校外部结构当中，行业、企业和科研院所在现代职业院校治理中积极性不高，发挥作用不够明显，归根结底在于现代职业院校治理结构中对行业、企业、政府科研院校各自在职业教育中的作用、权利、责任与义务无相关制度保障和政策规定，简单说，缺少各利益相关者参与职业教育的利益制衡机制，导致各利益相关者不能够明确各自在职业教育人才培养中的职责与义务，多元主体参与职业教育动力得不到激发。

4. 纵向垂直式管理结构，职业院校办学自主权受限

现代职业院校是职业教育主要的办学经营者，在职业教育发展策略上具有自主权，在职业教育发展策略上具有自主发展与控制的权利，能够极大程度地调动职业院校主体作用的发挥，调动其自我发展的内驱力。但是目前职业院校校长选聘由上级主管部门指定，在专业招生规模与数量方面也要受上级主管部门的控制，在专业设置和调整方面需要接受上级主管部门层层审批，致使职业院校专业调整滞后于产业结构升级与调整的步伐。

二、现代职业院校外部治理的理想模式的框架与实现策略

以职业院校自主发展为主的多元协同治理模式，在该模式中，多元指政府、行业、企

业、科研院所等，协同指多元主体最大程度配置权力，实现自身利益以进行互动，共同参与到职业教育治理中。政府、行业、企业、科研院所等平等参与职业院校治理中，政府及相关部门进行职能转变，简政放权，对自身权力做减法，职业院校对自身权力做乘法；行业、企业对职业院校指导与参与做加法。这种模式的实现有赖于出台大连地方性校企合作促进相关办法，明确行业企业在大连职业教育发展中重要地位，明确政府及相关部门在大连职业教育发展中的统筹协调作用；并建立相关税收减免等激励机制，促进企业积极参与职业院校发展中；出台具有大连特色的区域性的职业教育质量保障体系，推进大连职业教育形成合理的布局，提高治理水平与发展质量。大连职业院校外部治理结构优化策略如下：

1. 构建各利益相关者共同治理的外部政策支持体系

构建政府、学校、企业、行业社会力量多元参与的职业教育外部政策支持体系，以法律形式保障职业教育各利益相关者的权益，形成职业教育利益相关者共同治理的格局。政府要联合相关部门建立校企合作参与职业教育的政策支持体系，出台校企合作促进条例，清晰界定学校、企业、行业、政府在职业教育办学中的地位、权利和义务，突出政府在职业教育发展中的主导作用，学校和企业在职业教育发展中的双主体作用，行业在职业教育发展中的指导作用；出台行业企业参与职业教育补偿办法，调动行业企业参与职业教育教学与管理的积极性。

2. 简政放权，发挥市场在职业教育发展中的作用

现代职业院校外部治理结构中包括行政权力、市场权力等，现代职业院校外部治理结构完善主要从市场权力和行政权力的合理配置入手，重新界定政府、学校、行业、企业之间的关系，对政府在现代职业教育发展中的权力做减法，对职业院校在市场经济发展中自主权力做乘法。《国务院关于加快发展现代职业教育的决定》中指出，政府要发挥保基本促公平的作用，由控制型政府到服务型政府的转变。因此，简政放权重要的是：一是引入市场竞争机制，充分发挥市场在职业教育资源和院校之间的配置作用，减少政府行政审批和干预，促进政校分开和学校自治；二是将区域产业发展规划与职业教育专业发展规划对接，政府统筹建立随产业发展变化的专业动态调整机制。

职业教育集团治理篇

第五章
职业教育集团治理的理论基础

职业教育集团是我国全面推进职业教育体制机制改革，深化产教融合、校企合作的产物。职业教育集团搭建了政行企校协同育人的平台，贯穿了人才培养的各个环节，促进了职业教育资源最佳配置和综合利用，实现了人才与资源的充分共享，提高了技术技能人才的培养质量，促进了经济社会发展。随着职业教育的快速推进，我国职业教育集团呈蓬勃发展之势，我国现已成立 1 500 个有 3 万多企业参与的职业教育集团。但在运行过程中，职业教育集团因其存在着治理困境，如政府实施自上而下单向管理、市场主体（行业与企业）倚重市场与经济准则、职业院校扮演育人独角戏、社会组织缺乏独立的立场等，制约了职业教育集团的发展，致使职业教育改革和发展的目标受到一定的影响。作为职业教育治理体系和治理能力现代化的重要组成部分，职业教育集团治理体制机制建设是职业教育集团有序发展的基石。职业教育集团治理能力和水平的高低制约着集团资源整合优势的发挥、办学活力的激发、运行效率的提高、育人质量的提升。治理能力和水平的弱化，不利于集团产教融合、校企合作，进而阻碍职业教育集团的快速发展。加强职业教育集团治理，实现善治是职业教育集团发展的必由之路。治理理论、利益相关者理论、人力资本理论、资源依赖理论、系统论等理论为职业教育集团治理提供了坚实的理论支撑。

第一节 职业教育集团内涵及特点

一、职业教育集团的内涵

1. 职业教育集团的沿革

职业教育集团作为一种移植于企业集团的新型组织形式，20 世纪 60 年代发轫于美国等西方发达国家。20 世纪 80 年代末，我国出现了职业教育集团化办学的雏形——县级职教中心。县级职教中心是河北省进行农村教育综合改革实验时创造的一种新型职业教育办学模式，因成效显著推广到全国。该模式以"拉郎配""十根筷子捆一起"的方式，集聚县域内各类中等职业学校、成人学校和部分培训机构为一体，打破了部门、学校、行业类别的藩篱，有效地解决了农村职业学校布局散、规模小、实力不强等问题，促进了县域经济的发展。县级职教中心创新了职业教育办学理念、办学体制和资源组合方式，为职业教育集团的发展提供了经验借鉴。1991年国务院颁布了《关于大力发展职业技术教育的决定》，文件明确提出"关于职业教育办学，要在各级政府的统筹下，发展行业、企事业单位办学和各方面联合办学"，为职业教育集团的发展奠定了政策基础。20世纪90年代初，北京旅游职业教育集团的成立拉开了我国职业教育集团发展的序幕。随着职业教育的快速发展，职业教育集团如雨后春笋般发展起来。2005年，在全国职业教育大会上，国务院出台的《关于大力发展职业教育的决定》提出要"推动公办职业学校资源整合和重组，走规模化、集团化、连锁化办学的路子"。职业教育集团化办学的发展提到了国家发展的层面。2013年教育部印发了《深化教育领域综合改革的意见》，文件要求"出台职业教育集团化办学的指导意见，促进职业教育集团化办学的规范化、制度化"。该意见进一步破除了职业教育集团化办学的体制机制障碍。2014年，国务院出台的《关于加快发展现代职业教育的决定》提出"鼓励多元主体组建职业教育集团，鼓励中央企业和行业龙头企业牵头组建职业教育集团，探索组建覆盖全产业链的职业教育集团"。我国当初的职业教育集团化办学的星星之火已成燎原之势，集团数量和规模不断大幅增长，呈现出强劲的发展态势，2001年仅有7个职业教育集团，截至2020年10月，全国共组建了1 500多个职业教育集团，70%的职业院校参与其中，参与企业3万多家。经过近三十几年的发展，我国职业教育集团已发展成为职业教育的一支主力军，形成了一定的规模效应，产生了一大批办学效果明显、影响力不断扩展、具有办学特色的职业教育集团，为社会培养了大批高素质、复合型技术技能人才，为产业的转型升级提供了重要的人才支撑和智力支持，促进了经济社会发展。《国家职业教育改革实施方案》提出"推动职业院校和行业企业形成命运共同体，2020年初步建成300个示范性职业教育集团（联盟），建设多元办学格局。"职业教育集团获得了更高的社会认同。职业教育集团化办学整合了职业教育资源，推动了职业教育的规模化、跨界化、持续化发展，促进了产教融合、校企合作，是中国特色职业教育改革发展的模式创新。

2. 职业教育集团的概念

《现代汉语词典》中集团名词的解释是"为了一定目的组织起来共同行动的团体"，在经济领域中，集团一般指企业集团，是由若干具有独立法人地位的企业组成的经济联合组织。教育部职业教育与成人教育司认为，职业教育集团指的是一所或若干所具有独立法人资格的职业院校，以专业为纽带，联合相关行业企业共同进行人才培养、优势互补、资源共享，实现共赢的职业教育办学形式。大多数职业教育集团不具有法人资格，它们是多个组织以契约为基础、以项目为导向组成的动态联合体，该联合体往往以一个牵头单位为轴心形成组织间的互动关系。

3. 职业教育集团的特征

（1）多元性。职业教育集团多元性是指职业教育集团由多个成员单位构成。这些成员单位主要有政府、职业院校、企业和行业组织等。政府往往是应邀加入职业教育集团，并不介入集团具体工作事务，对职业教育集团的组建、发展发挥统筹、引导、协调作用。

（2）组织性。职业教育集团组织性是指职业教育集团成员单位都是具有法人资格的组织，职业教育集团不一定具有法人资格。不同于一般的校企合作行为，职业教育集团有以理事会或董事会为标志的领导和决策机构，以章程为核心的组织制度，以理念、愿景为目标的集团品牌文化，这些机构、制度和文化，为校际合作、校企合作提供了组织基础。

（3）利益联结性。职业教育集团由具有多个法人资格的成员单位组成，这些成员单位具有异质性。企业是追求利润最大化的经济组织，但人才是企业核心竞争力之一，获得符合企业需要的人才是企业的重要目标。职业院校是准公共产品，为社会培养高素质技术技能人才是其根本宗旨，二者在人才培养方面利益一致。人才培养这一利益联结点为职业教育集团的组建和发展奠定了合作基础，也是职业教育集团开展合作教育的根本出发点。

二、职业教育集团的类型

按照不同的分类标准，职业教育集团可以划分不同的类型。按成员单位地理位置及隶属关系划分，有区域性、行业型、混合型三种基本类型；按成员单位结合关系划分，有紧密型、松散型、半紧密型三种基本类型，松散型是目前我国职业教育集团的主要类型；按牵头主体划分，有学校主导、企业主导、政府主导三种基本类型，大部分职业教育集团都是由地方优质职业学校牵头。

三、职业教育集团的作用

职业教育集团的建立突破了传统职业教育体制的一些束缚，在办学机制、管理体制、投资形式等方面有了较大发展，体现在办学机制灵活多样、管理体制协商共治、投资形式倡导多元，开辟了职业教育创新发展的新路径。职业教育集团往往以一所骨干职业学校为核心，以章程为纽带，联合若干个职业院校、企业、行业组织，通过产教融合、校企合作，实现成员间的纵向沟通、横向联合、资源共享、优势互补，实现办学效益的最大化，对探索具有中国特色的职业教育发展路径，具有重要的价值。

职业教育集团改变了过去学校与企业临时、局部的被动关系，相对牢固了学校与企业的联系，校企关系比较紧密。校企双方通过形式多样的合作，实现了共赢，推动了职业教育集团高效快速的发展。一是职业教育集团为职业院校师生开展企业实践和实习实训提供了平台，通过订单培养、工学交替、前校后厂等形式，把实践教学真正落到实处，有效提高了教师的专业实践能力和学生的职业技能。二是校企联合开展科研攻关，开发新产品、新工艺、新技术，有效提升了企业的核心竞争力和增加了企业经济效益，提高了教师的科研能力并反哺于教学，实现了良性循环和多方共赢。三是新知识、新技术、新方法引进了课堂，使得课堂教学与生产前沿保持同步，保证了课堂教学的实效性，避免了因知识陈旧、落伍导致的学与用之间的巨大落差，培养的学生无论是知识、技能和能力都能做到与时俱进，提高了人才培养质量。四是企业利用职业院校的资源，解决了企业职工培训问题，提高了企业职工的技术技能水平，增强了企业的发展后劲。五是职业教育集团化办学积极探索中高等职业教育一体化，通过对口招生、5 年制高等职业教育和联合办学等形式，实现中高等职业教育优势互补、资源共享，促进了中等职业教育与高等职业教育的协调发展。大多数职业院校牵头组建的职业教育集团，完善了现代化职业教育体系，促进了职业教育协调发展。

四、职业教育集团的功能

职业教育集团具有经济功能、教育功能和社会功能。一是职业教育集团打破了职业教育以往封闭办学的模式，融政行企校于一体实施开放办学，能够精准把握产业经济升级动态、趋势，及时调整办学方向，尤其是学校和企业共融于一个整体中，沟通更为便捷，有利于双方深入合作，无论是学校的专业设置、人才培养方案制定、双师素质提升、实习基地建设，还是企业的员工培训、科技研发、美誉度提升等都得到了提高。职业教育集团通过提高人才培养质量，提升企业核心竞争力，为地方产业转型升级提供了强有力的人力支撑和智力支持，促进了区域经济和社会发展。二是职业教育集团不断创新职业教育办学体制机制建设，通过探索建设具有混合所有制特征、享有独立法人资格的职业教育集团，使得集团成员单位同舟共济，克服职业教育集团集而不团的弊端，产教能够真正实现水乳交融，优化整合职业教育集团多元主体的资源优势，增强集团的凝聚力和核心竞争力，发挥职业教育集团最大功效，提升人才培养质量，促进现代化职业教育体系建设，推动职业教育快速发展。三是职业教育集团利用其良好的培训条件和资源，开展各类社会培训，包括社会工种培训、转岗再就业培训、农村劳动力转移培训、岗前培训与岗后升迁培训等，承担了一部分社会培训功能，提高了劳动力素质，促进了社会稳定和发展。

第二节　治理概念与治理理论

一、治理概念

20 世纪七八十年代，西方国家因财政困境纷纷陷入福利国家的管理危机，无论是政府力量或是市场力量，仅仅依赖单一力量都无法解决危机，前者效率低下、易滋生腐化行为，后者竞相追逐私利、罔顾公共利益，二者均无法承担起公共利益的责任。由于单纯地依靠政府或市场未能有效应对危机，政府合法性管理遭到质疑。在经历政府和市场双重失灵后，西方国家把目光转向治理理论，力图用治理这剂良药来克服政府和市场的失灵。治理作为一种理念，主张通过政府、市场、社会多元主体之间平等、互动、合作，尊重公平、正义、民主，更好地实现公共利益。20 世纪 90 年代以来，治理理论成了国际学术界最前沿最热门的研究主题，并被广泛应用于各个领域，这一研究热潮一直持续到当前。

现代意义上的治理概念出现较晚，1989 年世界银行在《撒哈拉以南非洲：从危机到可持续增长》报告中首次使用治理危机概念，Governance 一词首次出现。治理（Governance）源于古典拉丁语和古希腊语掌舵（Steering）一词，其本意是操纵和控制，字典中的解释为统治、管理。20 世纪 90 年代以前，治理、管理这两个概念一直被混用，自从世界银行首次使用治理一词后，治理的意思才与管理的意思渐行渐远，其比较分析如表 5-1 所示。

表 5-1 治理与管理的比较分析

项目	意识形态	权力与权威	权威主体	开放与封闭系统	协商与命令
治理	偏中性，意识形态弱	主张政府放权和社会授权	权威主体多元，政府、市场、社会等不同主体参与和合作	开放系统	多元协商
管理	具有强制色彩，意识形态较强	强调政府的权力与权威	权威主体是单一的，是政府或其他国家权力	封闭系统	上令下行

治理特定的价值色彩使其与统治、管理等概念相去甚远。治理不同于传统的管理方式，以平等、合作、民主、分权和协商等价值观为基础，注重多元利益主体，重视激发各方活力，集中体现了公共管理的民主化，也是公共管理的现代形态，增加了国家管理的弹性与韧性。

治理这一概念自诞生以来，就在西方学者中产生了极大影响，对治理做出了许多界定。治理理论的主要创始人之一罗西瑙（J. N. Rosenau）在其代表作《没有政府统治的治理》和《21 世纪的治理》等文章中指出，"治理指一种由共同的目标支持的活动，这些活动只有被多数人接受，才会生成有效的规则体系。区别于政府的强力政策，这些管理活动的主体未必是政府，无须依靠国家的强制力量来实现"。有的国外学者认为，"治理意味着无论是公共机构或是私人机构，可能来自政府但又不限于政府，只要公众认可了其行使的权力，都有可能成为不同层面上的权力中心。它对传统的国家和政府权威提出挑战，认为政府并不是国家唯一的权力中心。"我国知名学者俞可平认为，"治理指在一个既定的范围内运用权威维持秩序，满足公众的需要。治理的目的是在各种不同的制度关系中运用权力引导、控制和规范公民的各种活动，以最大限度地增进公共利益"。在众多治理的概念中，联合国全球治理委员会所下的定义受到普遍认可，具有一定的权威性和公信力。该组织在《我们的全球之家》研究报告中，指出"治理就是通过各种公共的或私人的机构管理其共同事务，调和相互冲突的或不同的利益并采取联合行动。它既包括有权迫使人们服从的正式制度和规则，也包括各种人们同意或以为符合其利益的非正式的制度安排"。对此，我们可以从治理目的、治理主体、治理方式等几个方面进行理解。首先，人们参与公共事务不是为了一己之私，谋取个人利益，而是增加社会福祉，使公共利益最大化。其次，参与治理的主体具有多元性，治理的主体不仅有个人，还有机构；不仅有公共机构，还有私人机构。多元化的主体意味着具有多种利益诉求，治理的过程就是利益平衡的过程。最后，治理的方式是协商式的，是多个平等主体之间一个不断互动的过程，通过规则和制度约束，调和不同主体间的相互冲突或不同的利益，重塑利益相关主体之间的关系，最大限度地增进公共利益，以此实现利益相关者的共同目标。治理理论的核心是国家权力向社会的回归，通过解决公共治理中权力的再分配问题，重构国家、市场与社会之间的协调与平衡关系。

二、治理特征

从众多对治理的解释中我们可以归纳出治理的四个基本特征：

1. 治理主体的多元化

现代意义上的治理是一种民主治理，主张多中心性与参与性。政府仅是众多治理主体之一，不再是唯一的权力来源，非政府组织甚至包括私人在内的利益相关者，都是治理的相关主体，通过多元共治实现公共利益。

2. 主体间权力的依赖性

传统的统治和管理，推崇权力主体的单一性和权威性，管理者和被管理者权力泾渭分明，被管理者最多也只能被允许知情或有限参与。治理理论倡导各权力主体之间的相互依赖关系，多元主体间不存在绝对的权力和权威，将政府视为众多平等治理的主体之一，公共决策的形成依赖于多方对话与协商。

3. 主体间持续互动性

由于主体多元化，带来的是利益的分散化，治理的核心是协调，就是调和不同利益相关者之间的利益冲突或不同利益，而主体间的协调不能一蹴而就，是一个多向交流的过程，需要多元主体持续互动，最终实现利益平衡。

4. 主体合作互惠

行为主体既有追逐私利一面，同时又积极谋取公共利益，后者使合作成为可能。同时因为多元主体资源有限并存在有限理性局限，彼此间存在着很强的权力依赖，通过治理实践的反复博弈，主体在采取行动策略时会从长远角度考虑，选择建立长期合作互惠关系。

以上四个特征是治理的四个要素。学者俞可平认为有效的治理涉及三个基本问题，即谁治理、如何治理、治理的结果怎样。治理的四个特征回答了这三个基本问题，治理是由存在着相互依赖关系的多元利益相关者通过持续互动，对话协商，尊重各方的合法权益，最终实现合作互惠，完成善治。

三、治理理论

1. 网络治理理论

随着全球化和信息化的发展，在社会、经济、文化等领域各种有形、无形的网络状的合作关系随处可见。网络治理理论作为一种新型的公共治理理论，在20世纪90年代由威廉姆森等学者和以世界银行为代表的许多组织提出。网络治理理论中的网络概念不同于互联网,前者是指一种新型的治理模式或者政府结构形态,后者一般指的是互联网。在学术界网络治理理论有不同的学派学说:斯托克网络治理理论认为,网络治理是多元参与主体共同决策治理框架;卡普库网络治理理论认为,网络治理通过多元互动来实现决策与治理,融合了决策、共同行动和执行的特殊方法,也可以通过互动来提供公共服务。学者鄞益奋认为网络治理是一个有共同目标和价值诉求的自组织系统,不同于科层次的组织机构,也不具有强制性,但又不同于市场(自愿)的组织结构,需要共同的目标来维系。综合以上的定义,网络治理是指多个组织或行动者为实现共同目标所进行的协商互动关系。网络治理理论的核心思想是公共政策的决策、实施和治理,是群策群力的过程,没有任何国家或者社会一方的行动者能够单方面决定,这些行动者需要形成合作关系,实现资源优化组合,最终达成社会善治。

信任、协调和整合被琼斯等学者认为是实现网络治理的三大机制。罗兹认为,不同于政府以权威和规则为特征,市场以价格和竞争为特征,网络治理是以信任和合作、集体理性代替个体理性为特征。基于信任的网络是治理达成的关键。多元主体作为网络治理的网络成员,在平等互信基础上,沟通协调、平等对话、资源整合,实现共同目标。网络治理能够适应组织的复杂性、社会性和系统性,弥补传统管理模式无法对新环境和问题做出及时反应的不足,能够减少机会主义和道德风险,促成多方共赢。网络治理是社会合作,重视公共利益,国家在治理中作用关键,但不一定具有支配性。

2. 多中心治理理论

多中心治理理论是网络治理理论在实际运作中的重要表现形式。多中心治理理论作为一种具有广泛影响力的社会治理理论兴起于20世纪下半叶,西方发达国家在社会治理方面逐渐陷入困境,如政府为核心的单一中心治理和市场为核心的单一中心治理,前者导致社会僵化,市场经济活力降低;后者导致经济秩序混乱,社会生活失序。在解决政府或市场公共事务领域治理失灵的问题中,多中心治理被证明是一种有效的社会治理模式。

多中心治理是从经济领域中的多中心概念演化而来的。1951年英国哲学家迈克尔·波兰尼在《自由的逻辑》一书中提出了多中心的概念。他在书中区分了社会的两种秩序,即只存在一个权威的指挥的秩序和多中心的秩序。1990年,美国学者奥斯特罗姆夫妇将多中心一词从市场经济领域巧妙地移植于公共服务领域,用以解决公共事务治理问题,其代表作是《公共事物的治理之道》。对于公共事务的治理,传统理论非常重视市场的调节作用和政府的干预作用,但是,市场失灵或政府失灵严重影响了公共事务的发展。这正是奥斯特罗姆夫妇提出多中心理论的出发点。在大量研究公共池塘资源治理问题的过程中,奥斯特罗姆夫妇提出了多中心治理的理论,该理论认为,多中心治理以自主治理为基础,主体不再是单一主体,主体是多元的,关系是平等的。奥斯特罗姆夫妇认为,公共事务的治理应该建立政府、市场、社会三维框架下的多中心模式,摆脱政府或市场单一中心治理方式,发挥自主组织和自主治理的作用。他们还认为民主社会就是自主治理的社会,每个人都是自我治理者,是自己的权力主导,而不是由国家来主导。多中心治理的本质在于多种权力的互动、制约及博弈，实现公共的利益并促进其发展，防止传统治理模式中的机会主义问题的发生。作为一种多元协商、民主参与的公共管理范式，有助于克服国家主导的意识形态的局限性，通过国家、社会等多元主体之间的互动，实现公共利益。正如卡蓝默（Pierre Calame）所言，"多元共治成为当今政治生活的制度中轴，成为人们思想和行动自由的保证，成为维护社会、调和共同利益的标准方式；多中心治理已经成为承认文化和传统的多样性和丰富性，同时使其参与整个社会的基本政治空间"。

多中心治理理论强调自主组织与自主治理在公共事务治理中的有效性和重要作用，有助于克服依赖政府单一治理或市场单一治理的缺陷，促进了治理观念的变革。多中心治理的目标是实现公共利益的最大化，奥斯特罗姆夫妇研究指出，个体的理性行为可能会造成集体的非理性结果，个体一般从自身利益出发，往往会忽视公共事务的利益。而多元主体广泛的民主参与保证了公共利益的最大化，可以最大限度地减少搭便车的行为，避免公地悲剧，实现了多方共赢。

职业教育多中心治理是多中心治理理论在职业教育领域的应用和延伸。21世纪以来，随着职业教育的发展，职业教育跨界属性和类型特色逐渐凸显。2019年2月，国务院出台的《国家职业教育改革实施方案》明确提出，经过5~10年时间，职业教育基本完成两个转变：政府举办为主向政府统筹管理、社会多元办学的格局转变；参照普通教育办学模式向企业、社会参与、专业特色鲜明的类型教育转变。2022年5月1日开始实施的《中华人民共和国职业教育法》第九条规定，"国家鼓励发展多种层次和形式的职业教育，推进多元办学，支持社会力量广泛、平等参与职业教育"。我国传统的以政府为单一主体、以行政指令为主要驱动力的职业教育管理体制已不能适应多元主体办职业教育的需要。职业教育多中心治理具有多元化和民主化特点，政府、职业学校、行业企业、社会组织等在内的多元主体，在一定制度规则的约束下，共同行使职业教育治理权，共同参与职业教育发展的决策制定过程和决策执行过程，是一种符合职业教育改革和发展的新型治理模式。职业教育集团是职业教育的重要组成部分。职业教育集团参与主体为政府机构、职业院校、企（事）业单位和社会组织等，具有多元化特点，因此，多中心治理理论指导职业教育集团建设，既是必要之选，也是优势之选。

3. 利益相关者治理理论

利益相关者治理理论是西方经济学家在研究公司治理时提出的一种理论主张。美国斯坦福研究所的一些学者于1963年首次提出利益相关者的概念，当时的利益相关者的内涵是指与企业有密切关系的所有人。1984年，弗里曼在《战略管理——一个利益相关者方法》一文中首次提出利益相关者治理理论，并将其应用到战略治理研究的实践中。在利益相关者治理理论里面，弗里曼从三个层面进行了分析：一是理性层面，回答利益相关者是谁的问题；二是过程层面，回答利益相关者的诉求是什么；三是交易层面，回答如何协调利益相关者各自的利益。有关利益相关者概念的表述很多，以弗里曼与克拉克森的表述最具代表性。弗里曼是广义的利益相关者代表，他认为，"利益相关者是能够影响一个组织目标的实现或者能够被组织实现目标过程影响的人或者集团"。弗里曼从宏观角度进行了界定，将所有影响企业的人和被影响的人都纳入利益相关者的队伍中。相对于弗里曼利益相关者理论，1994年克拉克森的观点则较为狭义，他强调只有在企业中投入资金、人力资本、技术等生产要素，并在企业发展中承担了一些风险的人才能是利益相关者。根据利益相关者理论，参与或影响企业活动的所有主体与客体都是利益相关者，包括政府、社区、企业股东、企业员工、企业交易伙伴等，企业的发展离不开利益相关者的支持，只是不同利益相关者支持程度不同，方式不一。企业制定发展战略和重要决策时要兼顾所有利益相关者的利益，并给予一定的报酬和补偿。

比较常见的利益相关者分类方法有多维细分法和属性分类法两大类。一是多维细分法。多维细分法是指从多个不同维度对企业利益相关者进行细分。1998年威勒从相关群体是否具有社会属性以及与企业关系是否直接由真实的人来建立两个角度，划分了四类利益相关者：主要的社会利益相关者、次要的社会利益相关者、主要的非社会利益相关者、次要的非社会利益相关者。1994年克拉克逊提出了两种有代表性的分类方法：一种是根据相关群体在企业经营活动中承担的风险种类，可以将利益相关者分为自愿利益相关者和非自愿利益相关者；另一种是根据相关者群体与企业联系的紧密性，可以将利益相关者分为首要的利益相关者和次要的利益相关者。

二是属性分类法。美国学者米切尔等在深入研究利益相关者理论的产生与发展的脉络基础上，将权力性（即某一群体影响企业的能力）、合法性（即某一群体的主张是否符合法律或道义标准）、紧迫性（即某一群体主张要求得到立即注意的程度）作为企业利益相关者的基本属性，提出了米切尔评分法以界定利益相关者。米切尔根据权力性、合法性、紧迫性的不同，将企业的利益相关者分为确定型利益相关者、预期型利益相关者、潜在型利益相关者三类。较之多维细分法，属性分类法更具动态性和可操作性，逐渐成为利益相关者分类的常用方法。根据属性分类法，由于具有不确定的属性，企业利益相关者是动态变化的，在企业发展不同阶段可能从一种类型的利益相关者转化为另一种类型的利益相关者。属性分类法改善了利益相关者界定的可操作性，加快了利益相关者理论的推广和应用。

根据米切尔的合法性、权力性和紧急性的分类要求，职业教育集团的利益相关者主要包括政府、职业院校、企业、行业组织。依据不同的利益相关者与职业教育集团的利益相关程度及参与职业教育集团治理的意愿和能力有所不同两个维度可以将职业教育集团利益相关者分为三类：核心利益相关者（职业教育机构）、关键利益相关者（政府）、紧密利益相关者（企业、行业组织）。在职业教育集团，作为多元主体的利益相关者利益诉求不同，甚至有时冲突。平衡并满足多元主体的利益诉求是职业教育集团治理的基础。如何实施治理、协调和平衡利益冲突和矛盾，实现职业教育集团组织使命，可借鉴企业利益相关者治理结构。玛格丽特·M.布莱尔强调治理结构实质是一系列的规则的总和，这些规则决定了利益相关者之间的关系，谁来享有控制权，谁来享用收益权，谁来进行分配，谁来控制风险，利益如何分配等。通过这种制度安排，使利益相关者责、权、利相互平衡。所谓的控制权是指拥有公司一定比例以上的股份，或通过协议方式能够对其实行实际控制的权力。按照企业利益相关者治理结构的配置原则，在设计职业教育集团治理结构时，职业教育集团控制权应该在各利益相关者之间非均衡分散分布。核心利益相关者与关键利益相关者应该获得较多的控制权，紧密利益相关者获得一定的参与权，这种非均衡的控制权配置过程实际上是职业教育集团利益相关者利益协调的过程。利益相关者之间的平衡也是一种相对的平衡，是一种动态的平衡。

联合国可持续发展峰会于 2015 年 9 月通过了《2030 年可持续发展议程》（简称《议程》）。《议程》绘制了之后 15 年世界可持续发展的蓝图，在促进可持续发展中具有里程碑意义。联合国教科文组织在巴黎通过并发布了《教育 2030 行动框架》（简称《框架》）。根据《议程》和《框架》，建立多元利益相关者共同参与职业教育体系，成为 2030 愿景下国际职业教育发展的重要趋势，也是保障未来职业教育改革发展的必然要求。作为职业教育治理体系的重要组成部分，职业教育集团治理重视利益相关者的作用，合理配置各利益相关者之间的责、权、利，协调多元主体之间的利益关系，在尊重职业教育集团各利益主体利益诉求的基础上，寻求各利益主体间的利益均衡点，既是职业教育集团发展的必然要求，也是顺应时代发展的必然趋势。职业教育集团善治的目标是职业教育集团多元利益相关者主体不仅能主动地参与集团各项决策和管理，而且均能在集团的发展中获得满意的收益，从而吸引更多资源和力量投入职业教育集团，最终实现职业教育集团的持续发展和长远繁荣。

4. 人力资本治理理论

英国古典政治经济学家亚当·斯密在 1776 年出版的《国民财富的性质和原因的研究》一书中提出了人力资本概念，他认为，劳动者的才能、经验、知识和能力也是一种资本，影响着生产的过程与结果，人力资本也是一种生产手段，和其他资本具有同样地位。1960 年，美国经济学家西奥多·W. 舒尔茨在经济学年会上发表的《人力资本投资》演说，被后人视作人力资本理论的诞生。舒尔茨首次对人力资本形成的方式和途径进行了研究，证明了人力资本在经济增长中的重要作用，舒尔茨也被公认为人力资本理论的创始人。舒尔茨提出，"通过对人进行投资而形成能用货币形式加以衡量的凝结在人身上的各种知识、经验以及能力的资本存量"。舒尔茨认为凝结在劳动者身上的知识、技能和能力，需要通过投资形成，形成人力资本，促进经济增长，教育和培训是投资人力资本的主要方式。20 世纪 80 年代后期，人力资本理论的发展又达到了一个新的高度，美国经济学家罗默、卢卡斯作为这一时期的代表人物，以内生性经济增长作为研究的核心，提出了"新经济增长理论"。罗默、卢卡斯以定量模型作为研究手段，使人力资本的研究具体化和数量化，具有更强的说服力。较之物质资本，新经济增长理论认为人力资本的积累对经济增长具有首要作用，是经济变化最重要的内生变量，这是人力资本的重大发现和对经济学的重大贡献。

人力资本理论经历了三个阶段的发展，从对人力资本作为经济增长的外生变量到人力资本作为经济增长的核心要素，对人力资本的认识愈益深刻。舒尔茨用收益率法测算了人力资本中最重要的教育投资，得出美国在 1929—1957 年的 28 年间教育投资对经济增长的贡献比例高达 33%。教育通过培养经济发展所需的人才，提高劳动生产率，从而促进经济增长。教育、人力资本和经济增长是正向相关，具有密切的联系。《现代职业教育体系建设规划（2014—2020 年）》提及，"现代职业教育是服务经济社会发展需要，面向经济社会发展和生产服务一线，培养高素质劳动者和技术技能人才并促进全体劳动者可持续职业发展的教育类型"。现代职业教育是人力资本形成和积累的主要途径，对人力资本的形成有着举足轻重的作用。由于职业教育具有跨界属性，与经济社会的发展有着千丝万缕的联系，职业教育集团作为职业教育体系重要的组成部分，搭建了产教融合、校企合作的平台，通过多元治理培养符合行业企业需求的技术技能人才，为经济社会发展提供人才支撑和智力支持，从而促进经济社会健康发展。

5. 资源依赖治理理论

资源依赖理论是组织研究中的一个重要理论，萌芽于 20 世纪 40 年代，至 70 年代后被广泛应用于组织关系的研究。资源依赖理论的代表作是《组织的外部控制：对组织资源依赖的分析》，其代表人物是费佛尔和萨兰奇科。资源依赖理论的核心观点是获取和维持资源的能力是关系组织生存的必要条件。资源依赖理论认为，能不能获取和维持资源是一个组织能否生存的关键，任何一个组织要对自己的资源进行控制，才能确保生存。实际上，任何一个组织都不能做到对赖以生存的资源进行全面掌控。费佛尔和萨兰奇科认为，组织之间的依赖程度是不同的，资源的稀缺性和重要性是决定关系是松散的、紧密的、不可或缺的决定性因素，它们决定了组织依赖性的本质和范围。费佛尔和萨兰奇科提出了资源依赖理论的四大重要方面：一是组织把生存放在首位，关心自己的生存；二是组织为了生存需要资源，但往往不能拥有和掌控所有资源；三是组织要在它赖以生存的环境中进行资源互换与互动，也就是和其他组织进行资源互动；四是组织生存需要有能力控制它与其他组织关系。资源依赖理论认为，组织是一个开放系统，不是孤立存在的，组织与其他组织之间是相互依存、相互作用的，总是处于一个网络系统中。没有一个组织能够持有赖以生存和发展所需要的全部资源，资源的稀缺性和重要性，决定了一个组织需要与其他组织必须进行资源互换，通过获得异质性资源，形成核心竞争力，才能保证组织的生存与持续发展。

根据资源依赖理论，职业教育集团治理的多元主体即多个组织，是相互依存、相互作用的，资源互换是职业教育集团生存和发展的基础，职业教育集团治理通过协调和平衡多个组织的利益关系，保证资源互换顺利进行，实现职业教育集团的健康发展。过去由于政府的大包大揽，职业院校依赖性强，忽视了市场与企业具有的维持职业教育生存和发展所需的稀缺资源，导致职业院校治理低下，发展缓慢，人才培养未能满足经济社会的发展要求。而在知识经济和信息社会时代，企业的生存和发展也离不开对政府和职业院校的资源依赖。不存在一个不依赖资源互换的真空，政府失灵与市场失灵是治理蔚然兴起的重要原因，寻求组织之间的协调和平衡，实现组织之间的资源共享和优势互补，是治理的重要目标。职业教育集团治理就是协调政府、职业院校、行业组织和企业之间的资源依赖与共享，平衡上述组织之间的利益关系，协同合作，培养经济社会发展需要的技术技能人才，促进经济社会发展，最终实现共赢。

6. 系统论治理理论

系统一词脱胎于古希腊语，是部分构成整体的意思。系统的思想源远流长，但作为一门理论产生于20世纪中叶的自然科学领域，它的代表人物是美籍奥地利人、理论生物学家L.V.贝塔朗菲，其著作《一般系统理论——基础、发展和应用》是本学科的代表作。系统论的核心思想是系统的整体观念。贝塔朗菲认为系统是"处在一定相互联系中的并与环境发生关系的各组成部分的总体。"贝塔朗菲用亚里士多德的"整体大于部分之和"的名言来说明系统的整体性及其重要性。系统与要素、结构和功能的辩证关系见表5-2。

表 5-2 系统与要素、结构和功能的辩证关系

要素	组成系统的各个单元、因子和部分	系统就是通过要素之间相互联系形成一定的结构，在与环境相互作用中发挥整体功能
结构	系统内部各要素之间的联系方式与组织形式	
功能	系统在一定的环境中所能够发挥的作用，是系统与环境相互联系、相互作用反映出来的能力	

系统论追求1+1>2的整合效果，希望通过整合能使系统达到最优。系统论的基本原则有三个：一是整体性原则。系统论的核心思想在于其整体性观念。系统是由各个不相同的要素组合而成的，要素与要素、要素与系统、系统与环境之间相互联系、相互作用，以一个整体状态存在。系统功能不是各个要素功能的叠加，而是各个要素相互联系形成结构而具有的新功能之和。系统的性质和规律，只有从整体上才能显示出来。整体性原则是系统论的首要原则，它要求从整体着手进行综合考察系统对象，以达到最佳效果。二是动态性原则。动态性原则是指系统的各个要素之间不是孤立的、静止的、封闭的，而是相互作用、相互联系、相互制约的，处于动态过程中。系统的动态性原则要求在看待与处理问题时必须用动态的、发展的、联系的观点，寻找要素之间和子系统之间存在的必然联系和客观规律，发挥系统的最佳优势，最终达到系统的最优化。三是结构功能性原则。结构功能性原则即系统的结构与功能的辩证统一关系。结构决定功能，功能表现结构的属性，良好的结构是系统整体功能发挥的前提，结构不合理，会影响整体功能的发挥。在职业教育集团治理实践中，运用系统论的思想和方法，通过优化治理结构，协调治理主体之间的利益关系，使职业教育集团治理发挥最大功能，实现职业教育集团有序健康发展。

第六章

国外职业教育集团化办学治理研究

职业教育集团化办学是具有中国特色的职业教育改革发展的模式创新。国外虽然没有职业教育集团化办学的说法,但具备这种特征的办学模式早已有之。1906年,美国俄亥俄州辛辛那提大学工学院院长赫尔曼·施奈德可以说是集团化办学的首创者,他提出工学交替的合作教育计划。合作教育是教育与生产劳动相结合的有效形式之一,最早的萌芽可追溯到西方柏拉图《理想国》中哲学王教育观和我国古代教育中有关知、行的论述之中。美国、德国、英国和日本等发达国家在合作教育办学过程中,经过不断地探索与实践,形成了各具特色的集团化办学模式,积累了大量值得借鉴的经验。追踪发达国家集团化办学治理的演进轨迹,探讨其变革动因和最新动向,可以为我国职业教育集团治理发展提供有价值的启示。

第一节 德 国

德国职业教育集团化办学最直接的表现是德国的双元制,它是一种校企联盟模式。双元制旨在将学校教育与企业培训的优势完美结合起来,通过学校与企业在技能人才培养上的优势互补和互动共赢,实现青年从学校到工作的顺利转换和过渡,为德国经济社会发展提供高素质的人才支撑。双元制这种理论与实践相结合的模式,为德国培养了大批高素质的技术技能人才,被视为德国腾飞的秘密武器,是德国职业教育的特色,并在世界范围内广泛传播。德国双元制是德国政府、学校、企业、行业(行会)等众多主体之间充分协作的典型案例。德国职业教育有个中间机构为跨企业职业培训中心,它是政府、学校和企业等多元主体构成的一个职业教育联合体,主要任务是进行双元制培训,而这些企业是跨界的、跨地区的,这不仅是德国职业教育的特色,同时也呈现了德国职业教育集团化办学的特征。其横跨多个企业、多个地区的职业培训中心,有利于各办学主体间的资源共享,在德国进行了大范围的推广。德国职业教育集团化办学治理特点如下:

一、政府立法

完备的职业教育法律体系是德国双元制取得成功的重要因素。早在19世纪,德国就先后颁布了几部法律,《强迫职业补习教育法》《工业法典》等,规定了企业学徒培训要与学校相结合。进入 20 世纪,德国立法的最大成就之一是 1969 年颁布实施了《联邦职业教育法》,职业教育作为国家教育制度正式确立下来。《联邦职业教育法》是德国第一部联邦层面的职业教育法,是德国职业教育的基本大法,是德国双元制职业教育体系的根本保障,在德国职业教育领域具有举足轻重的作用。为应对 21 世纪的挑战,2005 年、2007 年德国政府先后两次对《联邦职业教育法》进行了修订。《联邦职业教育法》明确联邦政府有义务与雇主、劳动者(学生)一起研究改造既有的双元制职业培训或创造新的职业。德国还陆续出台了《实训教师资格条例》《青年劳动保护法》《企业基本法》《培训员资格条例》等。一系列法律法规的颁布实施,为德国双元制的成功提供了强有力的法律保障。

二、经费投入

享誉全球的德国双元制职业教育成功实施得益于立法严密和资金充足。德国职业教育经费来自政府拨款和企业全面资助。首先,政府对职业院校进行直接拨款。据统计,1980 年德国各州政府支付的职业教育经费达 19.7 亿马克[①],1985 年各州政府共支出约 26 亿马克,1987 年在 984.1 亿马克的联邦政府支出的教育经费中用于职业院校的有 76.7 亿马克。其次,企业承担了大部分经费资助,用于企业培训、教师工资及受培训青少年的津贴发放等。双元制职业教育的经费分担比例大致如下:企业承担 85%,各级州政府承担 15%。例如,1980 年企业提供的经费 155 亿马克数倍于政府的直接拨款 19.7 亿马克。

三、激励机制

德国职业教育重视企业的话语权,法律规定允许企业以职业教育利益相关者的身份参与制定德国职业教育法律。在职业教育立法中企业的作用主要体现在两个方面:一是企业参与立法机构(联邦议院)立法过程。二是职业教育领域的三大机构,联邦职业教育研究所(BBIB)、联邦经济与劳动部(BMWA)以及联邦教育与研究部(BMBF)作为整个产业、企业的代言人,其代表企业利益,负责制定与签署德国职业教育法律法规文件。德国政府出台税收优惠政策,提供多种优惠税款,激发企业的办学积极性和主动性。通常情况下,参与职业教育的企业可获得培训费用一半以上的资助,有的达到百分之八十,甚至可以获得全额资助。在联邦德国,只有通过相关行业审查资格之后才能够获得办学机会。拥有职业教育资格的企业会建立优质企业形象,具有较高的美誉度和影响力。企业参与职业教育能节省劳动力培训成本,得到符合企业要求的优质员工,获得一定的经济效益,并树立良好的社会形象。因此,双元制职业教育在德国企业中评价非常高。德国联邦职业教育与培训研究院随机选取了 30 家德国企业,抽样调查显示,对于双元制教育持满意或非常

---

① 1 德国马克 ≈ 12.120 5 元。

满意态度的高达80%，5家企业表示大部分满意，只有1家企业不满意。

第二节 美　　国

美国职业教育集团化办学典型模式是合作教育模式。1906年辛辛那提大学工学院院长赫尔曼·施奈德首次提出这一模式，至今已有百年历史。合作教育中的合作是指学校、雇主、劳动者（学生）三方的合作。世界合作教育协会对于合作教育的解释是合作教育重视课堂上的学习与工作中的学习，将二者结合起来，学生将课堂上学到的知识应用于与之相关的、为真实的雇主效力且通常能获取报酬的工作实际中，然后将工作中遇到的问题和获得的见识带回课堂，帮助他们在课堂学习中进一步分析与思考。美国通过技术准备计划、高校技术教育革新计划（简称ATE），促进校企合作，开展合作教育，推进美国职业教育的发展。共生群落是美国社区学院系统与以企业、行业组织、行业培训机构等为主体的产业界之间关系的生动写照。例如，俄亥俄州制造行业企业联合雷克兰社区学院、奥本职业中心等在雷克郡于2002年成立了"让我们在一起工作"联盟（Alliance of Working Together，AWT）。当初发起的企业和教育机构不足20家，现已经发展近200家。通过该联盟的努力，实现了资源的聚集，促进了社区学院的产教融合。美国职业教育集团化办学治理特点如下：

一、政府立法

美国政府的职业教育法律法规较为完善和健全。1862年美国国会颁布了《莫雷尔法案》，该法案奠定了美国职业教育立法基础，以法律的形式确定了政府对职业教育的资金资助原则。美国政府重视职业教育与产业的关系，美国每一次重要的职业教育政策法规的出台，都深刻影响着职业教育与产业的协同发展。1965年美国的《高等教育法》确定了合作教育基金，强化了政府与社会各界对产教融合的支持度。1994年美国的《学校至职场机会法》要求各州建立学校至职场机会教育体系。之后颁布的《职业培训合作法》强调增加校企合作的数量与规模，这些法律文件凸显了校企合作在职业教育发展中的核心地位。后来帕金斯法的系列修正案、各项职业教育发展政策文件等都强调产教融合。

二、经费投入

美国联邦政府通过立法形式有效地保证了职业教育能够获得足量的经费支持，进而推进职业教育的快速发展。美国的《职业教育法》规定，联邦政府每年向各州提供16亿美元[①]的职业教育专项资助经费。该法案颁布时，美国各级职业教育经费为6.05亿美元，职业教育学生约450万人。该法案促进了职业教育的发展，5年后，职业教育学生增长了

---

① 1美元≈7.034元。

350万人。联邦政府以拨款的方式来带动各州职业教育经费的增长。例如《斯密斯——休斯法》要求，国家对为农、工、商、家政等职业类教师工资或培训每投入一美元，州或地方必须按1∶1的比例进行配套。除联邦政府拨款外，企业已经成为对职业教育投资的重要主体。对职业教育发展进行经费资助或捐赠的企业，美国政府通过税收减免优惠政策增强企业投资的积极性。在利好政策下，企业不断加大对职业教育资金的投资力度，不断增加用于员工培训的经费，年增长率平均为5.5%左右。

三、协调机制

美国政府重视职业教育与产业的协同发展，国家和地方均设有相关机构促进其发展。国家职业教育技术创新中心是最典型的促进教育与产业协调发展的国家机构，该机构重视企业对就业者的需求，联合大型企业和大学就业中心，共同为就业者服务。承担协调职业教育与产业关系的地方机构分为两种，即非营利性机构和营利性机构。职业与技术教育协会（ACTE）是全美最大的非营利性协会，旨在推动青年就业准备教育，保证政府资助经费增长。营利性机构主要是以私人企业部门为主的工商业机构，旨在调和学校人才培养目标与产业劳动力需求供给不平衡的矛盾。此外，管理职业教育的政府机构吸收社会各界人士参加。例如，威斯康星州的学区设有职业教育委员会，由政府官员、企业、企业员工、社会、学区管理员共9名成员组成。

第三节 英 国

为振兴国家经济，英国于1993年改革职业教育模式，开启了新的学徒制计划——现代学徒制（Modern Apprenticeship，MA），实现了从传统到现代的历史性转变。英国学徒制由来已久，传统学徒制开始于12世纪的手工业行会时期。以多元主体参与为显著特征的英国现代学徒制脱胎于传统学徒制，是一种整合了课堂理论学习与工作在职培训的校企联盟模式。1995年在全国54个行业中正式推行。自从重启学徒制以来，学徒制已经覆盖了280多个职业的约1 500个工作岗位。在20多年的发展过程中，现代学徒制改革不断深化，促进了英国职业教育发展，培养了众多高素质技术技能人才。英国职业教育集团化办学治理特点如下：

一、政府立法

英国政府高度重视现代学徒制，上升为国家战略。英国政府通过制定法律法规，保障现代学徒制的发展。2008年《世界一流学徒制》报告发布，明确提出"通过立法明确学徒制的法律地位，消除其模糊性"。《学徒制草案》规范了学徒培训，对参与各方的责权利、学徒制运行和评价考核等方面问题进行明确与指导，该法案为现代学徒制奠定了法律基础。2009年11月，英国议会颁布了《学徒制、技能、儿童与学习法案》，从法律上明确有教无类，提出了学徒制度培训的重要举措，并赋予16~18岁的青年人成为受训学徒的权利。2016年5月出台了《企业法案》，对学徒制保护政策进行充实，在其带动下，学徒数量迅速增长，到2020年达到300万学徒目标。通过立法，英国现代学徒制实现了由无序到规范的转变，使其成为当今国际职业教育界推崇的成功典范。

二、经费投入

政府、雇主及学徒三方分摊英国学徒培训成本。英国政府是学徒制最主要的买单者，在经费方面划拨专项资金，并为雇主、培训提供者及学徒提供相应的补贴及贷款。不同年龄的学徒，政府支付的培训成本是不同的，对于16~18岁的学徒，免费，政府支付全额培训费用；对于18~23岁的学徒，政府支付一半的培训补贴；24岁以上的学徒，政府补助小于50%，其余的学徒自付。此外，对贫困的学徒提供额外的资助。对于雇主而言，学徒培训满足了企业用人需求，因此他们以付给学徒工资等形式承担部分培训费用。政府会对中小企业、招聘16~18岁低龄学徒企业、学徒培训完成情况较好的企业给予更多的补贴。

三、雇主导向

雇主的积极参与是学徒制良性、可持续发展的重要条件。近年来英国学徒制改革的主题是强化雇主的核心作用，在学徒制的实施和运作过程中充分发挥雇主的主导作用，提高学徒培训质量。以企业雇主为主导代替政府主导的现代学徒制改革以2012年11月《理查德学徒制评论》的发布为标志。雇主主导是指在培训学徒、制定标准、考核评价、认证资格和资助扶持等方面都要首先考虑雇主的需要，并赋予雇主应有的充分话语权。2013年，英国启动开拓者项目。该项目在开发学徒制标准、制定项目等方面赋予雇主更多的控制权。经费保障是调动企业参与积极性的重要前提，也是政府推进学徒制改革的主要杠杆。为激发雇主的能动性，资助政策改革成为英国学徒制改革的重要方面之一，2012年发布的《理查德学徒制评论》建议，"投资学徒培训的购买力应赋予雇主；政府提供的培训经费应该经由雇主支付给培训提供者以确保培训的相关性和高品质；学徒培训的价格应该可以自由回应雇主的需求；政府通过国家保险或税收系统为学徒提供资金等"。在新学徒制标准中，政府承诺在培训中雇主每投资1英镑[①]，政府将资助2英镑。这些措施有效激发了企业参与学徒培训的积极性和主动性。

第四节 澳大利亚与荷兰

一、澳大利亚

职业技术与继续教育学院（Technical and Further Education, TAFE），是澳大利亚最大

[①] 1英镑≈8.739 7元。

的以行业为主导，政府、行业与学校相结合的综合性职业教育与培训机构，是体现澳大利亚职业教育集团化办学特征的重要机构。澳大利亚 TAFE 学院教育被公认为世界上最为先进、最具代表性的职业教育成功模式之一，在国际上享有盛誉。TAFE 学院提供的教育与培训课程，既有阶段性又有连续性，学员在不同时期，针对不同需求可以选择相应课程进行学习。TAFE 学院遍及澳大利亚各地，截至 2014 年，共有约 250 所院校，每年有 130 余万学生就读，规模超过大学的一半。为了找到合适的工作，很多本科生甚至研究生，纷纷回到 TAFE 学院进行学习，充分体现了澳大利亚职业教育的魅力。澳大利亚职业教育集团化办学治理特点如下：

（一）政府立法

1974 年，澳大利亚职业技术和继续教育委员会发布了《坎甘报告》。这份报告认真分析了职业教育的政策需求并对职业教育发展资金设定提出资助建议。1990 年澳大利亚颁布了《培训保障法》，该保障法强行让企业参与职业培训，要求凡行业企业年收入在 22.6 万澳元[①]及以上的，必须用其预算总额的 1.5%培训员工，否则上缴同等数量的罚款给澳大利亚税收办公室。2003 年，澳大利亚颁布了《塑造我们的未来——澳大利亚职业教育和培训 2004—2010 国家战略》（简称《国家战略》）。《国家战略》提出，在预期技能需求以及提高生产和服务来满足这种需求的过程中强化行业企业的作用。

澳大利亚职业教育法律政策作为一个完整的职业教育法律政策体系，具有以下几个特点：首先，参与人员广泛，来自各个阶层。每项法律政策的策划、出台和实施，都广泛争取了政府、学者以及行业企业的意见。其次，范围比较广泛，覆盖了校企合作的每个方面。最后，具有可操作性强、制约性强的特点。在法律政策的保障方面，澳大利亚每 3 年更新一次培训包，截至 2003 年年末澳大利亚共开发了 72 个培训包，覆盖了 82%以上的行业领域。定期修订《培训保障法》为澳大利亚职业教育的发展提供了坚实的法律保障。

（二）经费投入

澳大利亚职业教育与培训经费来源于政府、企业和个人。政府方面：澳大利亚职业教育经费是由联邦政府和州政府共同出资的，其中联邦拨款占政府拨款总额的三分之一左右，州政府占三分之二左右。根据澳大利亚联邦政府 2003—2004 年财政预算，在之后的短短四年内，政府给予职业教育与培训费用高达 85 亿澳元。澳大利亚政府为鼓励企业参与职业教育，先后颁布了《拨款（技术与继续教育资助）》《职业教育与培训资助法》，在企业税收减免优惠方面给予了相关规定。企业方面：在校企合作方面，企业是重要参与者更是受益者，必然为校企合作出纳相当部分的资金。一是培训支出。平均每年用于各种形式的培训支出约为 25 亿澳元，二是与 TAFE 学院合作建立实训基地。个人方面：员工为

---

① 1 澳元≈4.672 9 元。

提升技能而购买的职业培训。

（三）行业作用

政府、行业企业、职业教育与培训机构构成了澳大利亚职业教育的三大主体。其中，行业作用举足轻重。一是所有 TAFE 学院的董事会成员是来自企业第一线的资深行业专家。二是行业参与 TAFE 学院办学的全过程。三是行业负责 TAFE 学院的教学质量评估。最主要的行业机构是行业技术咨询委员，三组专家行业咨询团队以及区域市场促进经理。

二、荷兰

企业主导模式是当今荷兰职业教育集团化办学的主要模式。鹿特丹航运中心集团是荷兰企业主导办学模式的代表。鹿特丹航运中心集团是集学校、企业、行业、政府等多元主体的职业教育联合体，主要功能是面向航运、港口、运输等产业提供教育、培训、研究、咨询和技术支持等服务。鹿特丹航运中心集团各成员单位之间的联结方式既有深层次的资产联结型（主要是针对一些核心组成单位以合资、控股或参股的形式参与办学），也有浅层次的契约联结型（主要是同一些学校、单位签订合作协议等）。1984 年，维根委员会在一份名为《共担责任》的报告中，提到职业教育必须要建立全国范围的行业组织，为参加职业教育的教育者、劳动者、企业和相关的产业组织提供协商沟通的平台。1996 年，荷兰颁布了《成人和职业教育法案》（简称《法案》），对荷兰建立以企业需求为导向、行业协会为指导的职业教育体系，起到了至关的重要作用。在《法案》的支持下，建立了行业管理机构知识中心。知识中心作为总枢纽，类似于英国行业技能委员会，整合全国的职业教育资源，使公共职业教育能够满足行业企业的技能需求。目前，为鼓励雇主和个人参加职业教育与培训，国家提供了一揽子财政激励措施。

第五节　国外职业教育集团化办学治理经验与启示

通过对德国、美国、英国、澳大利亚、荷兰五国职业教育集团化办学的梳理，我们可以发现上述国家职业教育集团化办学之所以能成为推动国家经济社会发展的重要力量，良好的治理机制发挥了重要作用，政府对职业教育直接干预很少，往往通过立法和财政等发挥调节作用，积极营造适宜的制度环境，充分保证企业在集团中的主体地位。具体来说，以下几个方面值得我国职业教育界借鉴：

一、政府立法推动

在发展职业教育集团化办学方面，德国、美国、英国、澳大利亚和荷兰均有比较完备的法律法规作为保障。德国构建了《联邦职业技术教育法》框架下，《企业基本法》《手工艺条例》等国家和各州相对应的职业教育法律体系，内容涵盖学徒培养的方方面面，为双元制的实施提供坚实的政策保障。美国、英国、澳大利亚、荷兰同样重视法律政策的制定，英国传统学徒制的发展滞后主要原因在于相关法律政策的缺失，现代学徒制的快速发展离不开政府的大力支持与相关法律政策的制定。

二、充足的经费来源

经费为职业教育发展奠定了物质基础。职业教育经费密切关系着一个国家的职业教育发展水平。职业教育集团经费的多与少，直接影响着职业教育集团化办学水平的高与低，办学质量的优与差。政府在职业教育集团的发展过程中，承担着教育经费的筹措和供给责任。根据美国、澳大利亚财政拨款的经验，财政拨款总额占据了职业教育总收入的70%左右，并且中央政府和各级地方政府共同并合理承担教育成本。我国职业教育集团要想得到快速的发展，就必须有国家对经费的充足投入作为保障。企业也是职业教育集团办学经费的重要来源，发达国家为吸引企业投资职业教育集团化办学，通过税收优惠、财政补贴等方式激发企业参与职业教育的积极性。

三、行业（行会）起重要作用

行业在职业教育集团化治理中起到了非常重要的作用。《联邦职业教育法（2005）》明确了各相关领域的行会机构是职业教育与培训的主管机关，负责职业教育的统筹规划、管理、教学大纲的制定、师资培训、考试、鉴定和颁发相关证书等工作。在澳大利亚，行业参与了职业教育办学的全过程，行业协会参与职业教育政策制定、咨询服务、人才培养、质量评价等，并从中分享相关成果。

四、充分重视企业主体作用

无论是德国的双元制，还是英国的雇主导向，职业教育集团治理都强调企业的主体作用。德国双元制中学校与企业共同协作，充分发挥校企的各自优势，学习地点和工作地点交替，培养符合行业企业要求的技术技能人才。英国的现代学徒制重视雇主对学徒制实施和运作的主导作用。无论是学徒培训、标准制定，还是考核评价、资格认证、资助扶持等方面首先考虑雇主的需要，并赋予雇主应有的充分话语权。企业作为职业教育集团治理主体之一，对职业教育集团的发展具有重要作用。从以德国为代表的发达国家职业教育集团治理经验来看，建立完备的法律法规体系及出台激励性政策是激发企业参与职业教育集团的最基础手段。因此，重视企业的核心地位，通过相关制度的制定，让企业看到实实在在的政策红利和税收优惠，激发企业参与职业教育的积极性和主动性对职业教育集团的发展至关重要。

第七章
职业教育集团治理依据及相关研究

第一节 职业教育集团治理概述

一、治理中国本土化

自20世纪90年代以来,随着治理全球化浪潮的兴起,在国际学术界治理理论研究蔚然成风,研究成果应用于各个领域。随着治理理论的兴起,国内学者几乎进行了同步的译介。中国学者对治理理论进行了大量有益的研究和探索,其中知名学者俞可平大力倡导并深入研究治理、善治和社会治理等理论,使这些概念和理论在国内产生了广泛的影响。中国的社会现实为研究探索传播治理理论提供了适宜的土壤,中国也具有现代治理适用的社会条件。改革开放以来,我国经济社会的迅速发展,推进了我国社会利益和阶层的分化,涌现出各种社会组织,呈现了差别化、多样化的利益诉求,主体多元化的局面业已形成。治理理论较弱的意识形态色彩、较宽的适用领域、较强的包容性等特点奠定了中外学者能够进行对话的基础。关于治理理论的认识,中外学者存在一定的分歧,但是关于治理的核心要素方面具有较强的共识:治理主体具有多元性、平等性、不可或缺性、互动性,偏重强调社会力量参与治理过程,倡导合作、沟通,治理的目标是实现共同利益,促进社会发展。治理理论在中国路径传播表现在很多方面,渗透到各个领域,有政府治理、院校治理、企业治理、文化治理、社会治理和生态治理等。可以说,在治理理论脉络方面中西方基本保持了一致性和同步性。但是中国学者在引入西方治理理论的同时,结合中国国情和治理实际问题进行思考、研究和探索,使治理理论成功重塑并且有效本土化。

国家高度重视治理现代化,中国共产党十八届三中全会通过的《中共中央关于全面深化改革若干重大问题的决定》(简称《决定》)中,明确提出全面深化改革的总目标是"完善和发展中国特色社会主义制度,推进国家治理体系和治理能力的现代化"。《决定》中治理成为关键性概念,被明确直接提及24次之多,这标志着治理上升到国家政策层面,获得了国家层面的肯定和支持。十九大则将国家治理现代化写入党章并明确规定了实现这一目标的时间表和路线图。随着治理上升到国家政策层面,推动了治理在理论与实践两方面的发展和创新,理论与实践交相辉映,治理理论不断丰富,治理实践也取得了重要进展,在很多领域开花结果。

联合国教科文组织将教育治理作为世界教育发展新的关注点。2007年,国际大学协会专门召开了主题为高等教育治理的国际会议。2008年,联合国教科文组织在"教育治理:透明性、实施性和有效性"为主题的国际会议上特别指出,教育治理主要是指各种公共或私人机构和组织统筹合作、各尽其能,从而实现对公共教育事务更好的控制和引导。2011年,经济合作与发展组织教育研究与创新中心的治理复杂的教育体系的研究项目指出,为应对日益复杂的教育体系的挑战,所有经济合作与发展组织国家的政府应该建立一种有效的治理体系来应对挑战。2012年5月,第三届国际职业教育大会工作报告《职业技术教育与培训的转型:培养工作和生活技能》提出,职业技术教育与培训系统成功改革的先决条件是善治。可见,治理已成为国际教育改革与发展的必由之路,是解决各类型和层次教育问题的最佳策略与路径。职业教育基于其跨界属性,涉及的利益相关者更多,权力关系也更为复杂,治理更是必要之选。长期以来,一方面,以政府为首的行政部门一直处于主导者地位,行政部门管控着职业院校的办学模式和定位、专业建设、招生规模数量等,压缩了职业院校的自主性空间,政府的过度干预导致对市场缺乏灵敏性,造成职业教育资源错配,职业院校的办学和人才培养往往背离市场的需求。另一方面,单纯依靠市场,存在短视性和盲目性,有限的市场调节和追逐实利,专业设置出现追风现象,相近或相似专业开设频繁,造成就业困难,人才培养偏离育人属性,功利性日渐凸显。摒弃一元管理,实施多元治理是矫正政府失灵和市场失灵的正确之选,也是推动职业教育内涵式发展的必由之路。2014年国务院颁布的《关于加快发展现代职业教育的决定》指出,"完善职业教育治理结构,提升职业教育治理能力,建立多元主体共同参与的职业教育治理格局"。2019年4月,教育部、财政部发布的《关于实施中国特色高水平高职学校和专业建设计划的意见》提出,"健全内部治理体系,完善以章程为核心的现代职业学校制度体系,形成学校自主管理、自我约束的体制机制,推进治理能力现代化。健全学校、行业、企业、社区共同参与的学校理事会或董事会,发挥咨询、协商、议事和监督作用"。职业教育集团治理是职业教育治理体系的重要组成部分,完善职业教育集团治理体制机制建设,协调职业教育集团不同主体间的利益关系,实现善治,推进职业教育集团健康有序发展,进而促进经济社会发展,是职业教育集团治理的宗旨。

二、职业教育集团治理相关政策

多元主体共享优质资源的职业教育集团是我国加快职业教育办学体制机制改革、促进校企深度合作的产物。职业教育集团的快速健康发展,离不开职业教育集团治理能力的全面提升。为了深入推进职业教育集团化办学,国家出台了一系列提升职业教育集团治理能力的政策法规。

2009年,教育部出台的《关于加快推进职业教育集团化办学的若干意见》中指出,"建立健全职业教育集团的运行机制,合理设置内部治理结构",这是国家就职业教育集团化办学内部治理问题出台的首个政策文件，彰显了集团内部治理机制建设在职业教育集团化办学中的重要作用。2014年，国务院出台了《关于加快发展现代职业教育的决定》中明确指出，"鼓励多元主体组建职业教育集团，健全联席会、董事会、理事会等治理结构和决策机制"。该政策文件突出的亮点在于首次对我国职业教育集团内部治理问题提出了相应的治理措施，凸显了职业教育集团内部治理机制建设的重要性。2014年，教育部等六部门颁布的《现代职业教育体系建设规划（2014—2020）》中提出，"完善现有职业教育集团的治理结构"。2015年，教育部在《关于深入推进职业教育集团化办学的意见》中再次指出，"健全职业教育集团运行机制，建立和完善集团内部治理结构和决策机制，提升内部凝聚力，促进集团成员的深度合作和协同发展"，连续出台了两个文件，都提到完善职业教育集团治理结构，显示了推进职业教育集团科学有效治理的重要性和紧迫性。治理结构和治理能力直接影响着职业教育集团的办学质量与服务水平，良好的治理结构和治理能力是职业教育集团高效有序运行的保障，也是善治的前提条件。国家连续出台关于完善职业教育集团内部治理结构和决策机制的文件，充分彰显了国家对职业教育集团治理的高度重视。

三、职业教育集团治理的内涵

玛格丽特·M.布莱尔认为治理实际上是一系列的规则，决定着参与的每一个人享有的控制权、收益权和所承担的风险是否相宜。在企业的控制权和剩余索取权的分配上，要考虑众多利益相关者的要求，将其非均衡地分散分布于企业利益相关者之中。借鉴企业的控制权和剩余索取权分配，职业教育集团治理的本质是对集团控制权和剩余索取权分配的一整套法律、文化和制度性安排。职业教育集团控制权应该在各利益相关者之间非均衡分散分布。分配原则是由成员与集团的利益相关程度、参与集团治理的能力和意愿决定的。职业教育集团治理的内涵就是合理分配多元主体的责、权、利，协调多元主体之间的利益关系，找到利益的平衡点，促进多元主体利益最大化，实现共享共赢，促进职业教育集团有序发展。

四、职业教育集团治理的意义

职业教育集团化办学是顺应世界合作教育的潮流，具有中国特色的一种合作教育模式。经过三十多年探索，主体不断增多，规模不断扩大，办学效益日益明显。职业教育集团治理体制机制的建设和完善为职业教育集团化办学的持续健康发展保驾护航。职业教育集团通过制定严格的章程制度、建立合理的治理结构和良好的运行机制，发挥政府和市场的优势作用，促进产、学、研一体化，充分保证多元主体利益诉求，为社会和企业输送合格的高素质技术技能人才，实现多方共赢。职业教育集团治理在推动我国职业教育治理体系现代化的进程中发挥着重要的作用。

五、职业教育集团治理的特征

(一) 主体多元性

职业教育集团主体具有多元性。集团由政府、职业院校、企业和行业组织等多个法人联合组成，主体成员数量多，大多数拥有数十家成员单位。

(二) 制度规范性

职业教育集团化办学以章程为基本制度，按照集团章程设立理事会或董事会。董事会或理事会是最高的决策机构，下设秘书处等工作机构。同时集团根据发展具体情况，负责制定和完善相应的管理制度及运行机制。这些制度化的组织体系，规范了多元合作行为，保证了合作办学过程的有序化运行。

(三) 民主协商性

职业教育集团内部治理机制具有平等性、民主性。罗尔斯认为"公平的正义"是指社会合作是在公平的条件下一致同意的，所达成的是一种公平的契约，所产生的也将是一种公平的结果。职业教育集团治理是在平等基础上协调多元利益主体关系。所谓基于平等，是指在坚持核心价值观的育人功能上，考虑多元主体差异性的价值取向，尊重各方既有的合理价值诉求。在此基础上，构建一个平衡、协商和透明的治理模式，确保各个参与主体享有一定的控制权和收益权，在完成集团组织目标的前提下，尽最大可能满足多方的利益诉求，形成相互协作、互利共赢的局面。

(四) 资源共享性

根据资源依赖理论，由于资源具有稀缺性和重要性，没有一个组织能够拥有全部的资源，因此建立组织之间的资源共享机制非常重要。职业教育集团化办学的主要功能在于整合资源，实现资源的优化配置，通过成员间的优势互补和共享，提高资源利用率，提升整体的职业教育竞争力。

(五) 利益共赢性

职业教育集团的多元主体均是具有独立法人地位的实体，有着各自的利益诉求，通过培养高素质技术技能人才结合在一起。职业教育集团治理的目的是通过集团成员之间的相互协作，促进教学链、产业链与利益链的有机结合，既为职业院校提供必要的办学支持，又为企业输送合格人才。职业教育集团通过资源上的互补实现利益上的共赢。

六、职业教育集团治理的结构

按照系统论理论，结构决定功能，功能表现结构的属性。结构不同，功能各异。对于职业教育集团治理来说，构建合理的集团治理结构是职业教育集团治理的核心内容，是职业教育集团充分发挥作用的重要前提。完善的职业教育集团治理结构能够保证集团各成员单位协调一致，降低办学成本，提高办学效率，保证集团各项事务的顺利运行。多元主体通过博弈、调适、理解、合作等互动关系实现集团相关事务的管理和决策，构建了相对稳定的复杂交错的治理结构。职业教育集团治理结构中最主要的构成：首先要建立强有力的治理机构。治理机构包括董事会（股东会），这是集团决策机构，负责重大决策与表决；秘书处，作为执行机构，负责日常运行。董事会和秘书处的成员由政府、学校、行业组织、企业等代表构成。其次完善以章程为核心的制度体系。完善职业教育集团内部治理结构的原则：一是协同合作原则。加强集团成员之间的沟通与联系，降低交易成本，提高合作效率，提升集团竞争力。二是利益均衡原则。职业教育集团的典型特征是多元化，满足多元主体利益诉求、实现社会效益与经济利益的平衡是集团治理结构的必然要求。三是适应性与先进性原则。职业教育集团内部治理结构要适应集团的发展变化，做出阶段性的调整，通过不断的完善优化，保持先进性。

七、职业教育集团治理的方式

我国职业教育集团现行治理方式主要有两种：一是协商议事方式。以章程为基本制度，以理事会为最高决策机构，在地位平等、彼此独立、相互尊重基础上，通过对话、协商、谈判、博弈等形式共同对集团事务进行决策和管理。二是法人治理方式。以资产为纽带，以股东会为最高决策机构，对集团事务治理方式采取的是基于股权份额的民主投票决策制度。

第二节　职业教育集团多元治理主体

职业教育集团治理主体主要包括四大类：政府、职业院校、企业、行业组织。政府是职业教育集团治理的关键性主体，负责法律政策制定与统筹协调；职业院校是职业教育集团治理的根本性主体，负责人才培养与供给；企业是职业教育集团治理的实质性主体，负责人才需求和科技研发；行业组织是职业教育集团治理的指导性主体，负责集团协同育人平台搭建。

一、政府

政府是一个国家或地区最具有权力的行政机构，负责整个国家和地区的安全与秩序，同时也对管辖区内的经济、社会服务与教育等负责。发展职业教育是政府的重要责任，推进职业教育发展既要充分发挥中央政府的作用，也需要各级地方政府的大力支持。2022年5月1日实施的《中华人民共和国职业教育法》（简称《职业教育法》）规定，"各级人民政府应当将发展职业教育纳入国民经济和社会发展规划""国务院建立职业教育工作协调机制统筹协调全国职业教育工作""县级以上地方各级人民政府有关部门应当加强沟通配合共同推进职业教育工作"。从集权式的政治权力结构角度划分，作为国家意志的代表和执行者的中央政府位于权力结构的最顶层，拥有最高的管理权，维护全社会的公共利益。中央政府一是通过制定政策、法律为职业教育与职业教育集团的发展提供制度支持。历届政府颁布的职业教育和职业教育集团相关政策法规规划了其发展的方向和进程。二是通过配置财政教育经费，支持职业院校的生存和发展。地方政府是国家行政管理制度的重要组成部分，"职业教育实行政府统筹，分级管理，地方为主，行业指导，校企合作，社会参与"的管理体制，使地方政府在推动职业教育发展方面拥有更多的统筹权与决策权。地方为主是指职业教育的管理以省（自治区、直辖市）人民政府为主，市（地）人民政府的责任则主要是按中央、省（自治区、直辖市）人民政府的要求切实办好职业教育。省级人民政府是推动职业教育健康发展的直接动力和坚实后盾。

在多元治理中，如何正确确定政府的地位是一个非常重要的问题。与过去政府职能相比较，从单一主体的政府管理走向多元主体的共同治理，政府与参与者之间呈现一种新的授权、分权关系，共同治理激发社会多元参与者的活力，但这并不意味着政府指导功能的弱化与退出。基于中国国情，并不存在没有政府的治理和小政府大社会式的治理。在多元主体共同治理中，政府是提供有效公共教育服务的责任政府，依然发挥着主导作用，仍然是治理的重心。不过在社会广泛参与的治理框架下，政府发挥主导作用的范围、方式发生了重要变化。政府在教育治理的多元主体中，发挥的是元治理的作用。杰索普于1997年提出了"元治理"概念，他认为，"元治理不可混同于建立一个至高无上、一切治理安排都要服从的政府。相反，它承担的是设计机构制度，提出远景设想，它们不仅促进各个领域的自组织，而且还能使各式各样自组织安排的不同目标、空间和时间尺度、行动以及后果等相对协调"。在职业教育集团多元治理主体中政府始终是关键性主体，发挥着元治理的作用，其通过职业教育集团化办学相关政策法规制定、财政经费支付和质量监管等，加强对职业教育集团的宏观调控，指导、协调职业教育集团化办学，充分发挥职业教育集团的聚合优势。其关键性主要体现在以下几个方面：一是它是职业教育集团顶层设计和制度制定的权威主体。政府通过制定具体的、有针对性的、符合当前实际办学情况的政策法规，引导着职业教育集团发展的方向和规模，为其健康有序发展保驾护航。政策法规的缺失、制度供给不足会影响职业教育集团的治理成效，制约职业教育集团的长远发展。二是它是职业院校和职业教育集团办学经费的主要来源。经费供给是职业院校和职业教育集团运行的经济基础，是办学水平和教育质量提升的根本保障，为职业教育的发展注入强大的动力。经费不足影响着职业院校和职业教育集团的各项事务的顺利实施，无法实现职业教育集团发展的最终目标。从中央到地方各级人民政府的财政拨款为职业教育发展提供了基本财力支撑。除此之外，政府还需要统筹社会有关部门的教育资源和社会办学力量共同发展职业教育。三是它能营造良好的舆论氛围，激发各界参与职业教育集团化办学的积极性和主动性。《职业教育法》规定，"新闻媒体和职业教育有关方面应当积极开展职业教育公益宣传"。职业教育集团离不开社会各界的广泛参与和鼎力支持，政府通过舆论引导，营造良好的办学舆论环境，使社会各界正确认识职业教育集团化办学的办学效益、影响力和发展潜力，激发他们参与的积极性。四是它是职业教育集团治理体系的协调者。职业教育集团多元治理主体有着各自的利益和着眼点，有着不同的利益诉求和价值取向。虽然多元治理有利于多方主体诉求的表达和权利的行使，但参与者都具有趋利避害心理，会选择有利于自身发展的策略，追求自身预期目标的达成，往往引发多方矛盾和利益冲突。在多中心治理体系中，政府发挥着协调行动、维系合作、解决纷争的重要作用。职业教育集团化办学的完成，离不开有效的多元治理，而治理的顺利实施，形成统一的合力，实现集团发展的最终目标，离不开政府强有力的统筹协调功能。五是它能建立评估体系，制定评估细则，对职业教育集团的设施建设、师资培养、专业建设、产教融合等方面进行评估监管，并根据评估监管结果合理调控办学规模和办学结构，保障职业教育集团多元协同育人的质量。六是它是职业教育集团成功治理的典型示范宣传者。经过近30年的发展，我国职业教育集团类型多元，特色各异，在创新职业教育办学体制机制建设、探索中国特色的职业教育办学路径方面做出了巨大的贡献，积累了宝贵的治理经验。政府通过推广这些不同类型、独具特色的办学模式及其治理经验，发挥其示范引领作用，为职业教育集团的发展指引方向。

二、职业院校

各级各类职业院校实际上是政府提供公共职业教育服务的代理方，是我国技术技能人才培养的主阵地。目前，我国职业教育已经形成了以公办院校为主体的规模庞大的职业教育体系。职业院校办学实力的强弱，直接关系到国民经济的发展和社会进步的进程。在职业教育集团治理主体中，职业院校是根本性主体，这是由职业院校的根本职能决定的。尽管从广义职业教育角度来看，行业组织、企业等组织机构也能起到一定的人才培养作用，但在教育基础设施、师资力量、社会影响力等方面，职业院校具有绝对领导地位。职业教育集团优化治理结构、提高治理能力，其根本目的是帮助职业院校更好地实现教育职能，为社会提供更多的高素质技术技能人才。其他治理主体利益诉求的实现是围绕育人这一根本目标进行，其决策与行为正确与否都应当以此为标准。职业教育集团职业院校由牵头院校与成员院校两部分组成，牵头院校办学历史悠久，专业特色鲜明，师资力量较强，社会影响力大，是职业教育集团的主要力量，话语权较强。成员院校虽然在整体实力、专业建设、师资力量、社会影响力等方面无法与牵头院校相比，但是，这些成员院校也具有自身的优点，办学机制灵活，能根据外部信息及时反应调整。由于资源的稀缺性和重要性，职业院校的发展需要政府和市场的合力作用，职业教育集团是获取多方资源，满足学校发展的最佳平台。因此，职业院校对于职业教育集团发展都有一种强烈的参与心理，都想借助职业教育集团力量，不断提高自身实力。

三、企业

企业是一种营利性的经济组织,与学校公益性不同,是以企业利润最大化为目标,其参与职业教育是从自身经济利益出发的,获取符合企业需求的技术技能人才是企业参与职业教育的最大动力。职业教育具有跨界性,与社会和行业企业有着千丝万缕的联系。但过去对职业教育的性质、地位、功能和作用认知不够全面、深入和清晰,导致职业教育与产业相脱节,行业企业参与职业教育的程度严重不足,造成了技术技能人才结构性缺失和人才培养质量不高的问题。现代学徒制是我国职业教育实施产教融合、校企合作的重要模式之一,《职业教育法》规定,"国家推行中国特色学徒制"。它的突出特点是以学校、企业的深度参与和教师、师傅的深入指导为支撑的人才培养模式。一项调查数据显示,我国37.5万家企业中,参与现代学徒制申报者为4 000家,参与比例仅为1.07%;85%的企业对现代学徒制不感兴趣;75%的企业认为现代学徒制校企合作企业受益小、风险大,企业参与职业教育的动力不足。

随着我国社会经济的发展和职业教育理论研究、实践经验的丰富,企业在职业教育发展的作用日益得到重视。《职业教育法》规定,"国家发挥企业的重要办学主体作用,推动企业深度参与职业教育,鼓励企业举办高质量职业教育"。国家日益重视企业的作用基于以下几个原因:一是企业以生产要素介入职业教育人才培养,提供企业师资、实习基地、实训设备、实习岗位等,能够促进职业教育人才培养质量提高,减轻职业院校办学成本。二是职业院校办学质量验证离不开企业。职业教育的办学目标就是向社会输送技术技能人才,广大企业是人才输送的重要目的地。它们是职业教育成果的直接消费主体,对职业院校的人才培养质量、社会服务能力最具有发言权。三是职业院校实践教学离不开企业参与。实践性是职业教育的重要特征之一,职业院校的实践教学是职业教育的重要组成部分,职业教育传授给学生的知识和技能,是为了将来直接应用于企业一线岗位的。实践教学脱离了企业参与,技术技能人才培养必然陷入盲目和僵化。四是现代学徒制的出现是隐性知识传递最有效的方式之一。按照世界经济合作与发展组织的分类,知识分为显性知识与隐性知识。显性知识易于编码和存储,可以通过明晰的语言传递,便于传播和共享,课堂传递以显性知识为主。而隐性知识是非编码型知识,高度个体化,难以用文字、语言、图像等形式来表达清楚,不便于沟通共享。波拉尼在1958年出版的《个人知识》中,首次提出隐性知识概念,即在一个人所知道的、所意会的及与他所要表达的东西之间存在着隐含的未编码的知识。隐性知识具有高度个人化、情景化特点,它的转移和共享依赖于个体之间密切接触,相互切磋,具有情境化特点。隐性知识是职业院校学生必备的一种知识,但仅依靠学校教育难以掌握,现代学徒制弥补了隐性知识传递难的不足,成为隐性知识传递最有效的方式之一。

企业作为职业教育集团多元治理结构中的主体,是实质性主体。与政府和行业组织不同,企业直接参与到职业院校的教育教学中,从专业建设、兼职教师、实习基地、校企文化等多方面参与职业院校建设,对技术技能人才培养的质量起着重要的作用。随着产业转型升级,人口红利消失,人力资源的重要性凸显。企业的竞争归根到底是人才的竞争,招聘到优质的人才与为企业未来岗位储备更新换代所需的高素质技术技能人才是提高企业核心竞争力的不二法门。因此,企业组建或参与职业教育集团化办学,从合作院校中获取符合企业需求的技术技能人才,与院校开展科技研发提高企业竞争力,依托院校资源开展企业员工培训等,符合企业的长远发展,这也是校企双方合作的基石。但与职业院校属于非营利性类组织不同,企业属于营利性类组织,两种组织在价值取向、利益诉求、行为目标、组织规则方面差别显著。职业院校本质是国家公益性事业单位,与企业追求利润最大化不同,两者组织属性具有异质性,在校企之间横亘一条鸿沟,因此如何协调企业与职业教育集团其他成员单位,尤其是企业的利益诉求,提高企业参与职业教育集团办学的积极性,是职业教育集团发展中需要重视的问题。

为进一步推进校企融合,促进人才链和产业链的有效衔接,打造校企命运共同体,提高人才培养的教育质量,提升职业教育的办学质量,国家提出打造产教融合型企业。教育部职业教育与成人教育司 2018 年发布的《关于征集培育一批产教融合型企业的公告》中指出,产教融合型企业申报条件是在中国境内注册成立的、依法举办或参与职业教育,在实训、课程、研发等方面践行校企合作 3 年以上的企业,且需满足举办职业院校、组建职业教育集团、参与现代学徒制试点、共建实训基地等多项条件中的 2 项以上。符合条件的企业,被认定为产教融合型企业。2019 年国家发改委、教育部印发的《建设产教融合型企业实施办法(试行)》(发改社会〔2019〕590 号)清晰定义了产教融合型企业,要求一是深度参与产教融合、校企合作,在职业院校、高等学校办学和深化改革中发挥重要主体作用。二是行为规范、成效显著,创造较大社会价值,提升技术技能人才培养质量,增强吸引力和竞争力。三是具有较强带动、引领、示范效应。《职业教育法》规定,"对符合条件认定为产教融合型企业的,按照规定予以金融、财政、土地等支持,落实教育费附加、地方教育附加减免及其他税费优惠"。产教融合型企业认证制度是深化产教融合、校企合作,发挥企业重要办学主体作用和形成校企命运共同体的重大制度创新和重大激励机制。全国 31 个省级行政区(除港澳台)中,有 27 个省市自治区以及几十个城市结合本区域实际发布了落实文件,现已培育产教融合型企业 800 多家。

四、行业组织

行业是国民经济产业划分的结果,是联结教育与产业的桥梁和纽带。行业是指国民经济中从事相同性质生产和服务的经济主体类聚而成的组织结构体系,如交通运输业、机械行业、零售业等。行业组织是指由行业内的主体基于自愿和共同利益要求联合组成的民间性、非营利性的社会团体。行业组织具有纵向贯通、横向联结的功能。第一,行业组织是同一行业内的主体自愿联合组成的,社会关系广泛,能全面深入掌握本行业的发展动态和市场信息,通过市场调研报告、行业研究报告等为企业发展和政府决策提供参考。第二,行业组织是联结政府和企业的纽带。行业组织作为企业共同利益的代表，向政府建言献策，架起了政府和企业沟通的桥梁，政府有关企业发展的相关政策、发展规划等也通过行业组织传达给企业。第三，行业组织监督本行业企业经营活动，发挥着营造公平竞争氛围、打击违法违规行为和维护行业信誉的作用。行业组织熟悉本行业信息，通过协调沟通、整合资源、咨询服务等搭建起政府与企业沟通的桥梁。

职业教育和职业教育集团的发展离不开行业组织的参与和支持。《职业教育法》规定，"有关行业主管部门、工会和中华职业教育社等群团组织、行业组织、企业、事业单位等应当依法履行实施职业教育的义务，参与、支持或者开展职业教育"。在职业教育集团治理主体中，行业组织是指导性主体。2014年《现代职业教育体系建设规划（2014—2020）》指出，"构建职业教育行业指导体系，发挥行业在提供政策咨询服务、发布行业人才需求、推进校企合作、参与指导教育教学、开展质量评价等方面的重要作用"。该文件清晰描述了行业组织在职业教育治理中的指导作用和职能定位。最典型的行业组织是行业协会，行业协会作为企业和职业院校联结的第三方，可以站在整个行业发展的全局高度，从人才需求、岗位标准、技术发展、质量评估等维度，对职业教育集团发展做好指导协调工作，推动职业教育集团良性健康发展。

职业教育集团多元治理主体合作是克服各自有限理性和资源劣势所带来的弊端，充分发挥自身的比较优势，从而实现资源流动、相互增权的集体行动。在职业教育集团四个治理主体中，政府是具有元治理责任的组织，在多中心不能紧密耦合的情况下，政府应发挥掌舵的作用，把握集团发展的方向。在各主体间合作出现难以协调的矛盾时，政府应充当关系协调者的角色，并在合法的前提下利用强制性的政治权力来促成合作。

第八章
职业教育集团治理问题、归因及对策

第一节　职业教育集团治理问题与归因

一、职业教育集团治理问题

近年来，我国职业教育集团数量迅速扩张，规模急速扩大，辐射范围及社会效用也在不断增强。根据教育部 2018 年 2 月公布的数据，"全国共组建 1 400 多个职业教育集团，覆盖了 90%的高职和 70%的中职学校，吸引了约 3 万家企业参与"，职业教育集团化办学遍地开花，有效形成了一个覆盖全产业的、基本涵盖全国各省市的职业教育集团化办学格局。职业教育集团化办学促进了多方资源整合、优势互补、合作共赢，有力推动了教育链与产业链的融合，办学成效日益凸显，得到了政府的高度重视和大力支持，已成为国家激发职业教育办学活力的重要举措。2015 年，教育部颁布的《关于深入推进职业教育集团化办学的意见》提出，到 2020 年，初步建成 300 个具有示范引领作用的骨干职业教育集团。

但是作为只有二十几年历史的新生事物，职业教育集团化办学的基础还比较薄弱，政策和法律制度不完善，治理体系和运行机制不健全，集团组织结构松散，致使资源、人才、技术等方面的整合不畅通，产教融合、校企合作表层化，阻碍了职业教育集团化办学的进一步发展。一项研究统计显示，研究对象（职业教育集团）自述的 329 条问题中，"校企合作不深入""政府扶持政策缺乏""经费来源不明晰（足）""集团管理松散"合计被论及 154 次，几乎占论及问题总数的一半。治理困境制约着集团办学的纵深发展。治理困境主要表现在以下几个方面：一是集而不团，结构松散。集而不团、团而无力的现象比较普遍，组织结构松散，未能形成规范、明晰的组织体制。集团化办学主体之间关系不紧密，仅靠情感、信任和契约维系，人、财、物等方面融合度不高，成员单位具有较强的独立性，自愿加入，自由退出，集团内部没有形成较强的凝聚力与约束力。二是校企合作薄弱，深层次合作少。职业教育集团作为一个非营利性的松散组织，企业参与合作的意愿不强，理事会讨论的问题大多是顶岗实习、挂职锻炼、企业培训、毕业生就业等初级层面问题，很少涉及现代学徒制、混合所有制、协同创新育人等深层次、根本性问题，校企深度融合不够,校企合作呈现表浅化。三是参与度不高、形式化严重。互惠共赢利益协调机制未建立,行业、企业参与积极性不足,部分成员单位未能真正理解和认同职业教育集团的宗旨和目标,有的甚至认为这是职业院校搞出来的具有职教特色的新名堂。职业教育集团成立时往往一派繁荣景象,成立后缺少实质性交流合作,建设趋于形式化,续航能力弱,制约着职业教育集团的可持续发展。四是政出多门、多头管理。在职业教育多元化的管理体制下,教育部门、行业主管部门、人社部门等多头管理、分散管理、职能交叉,严重缺乏必要的沟通、协调和合作,影响了职业教育集团的整体优势、集约优势和竞争优势。五是人员配备不足,管理手段单一。职业教育集团专职管理人员流动性强,成员单位难以确定固定的联络人,导致信息不对称的情况时有发生,信息技术运用能力欠缺,导致管理效率低下。

由于我国职业教育集团化办学参与主体众多,牵涉面极广,内部治理呈现出纷繁复杂、千头万绪的局面。面对棘手的治理问题,集团治理上的突破与创新将成为继续深入推进职业教育集团化办学发展的关键,职业教育集团的良好治理将助推集团实现更好更快的发展。

二、治理问题归因

(一)治理主体发挥作用有限

1. 政府角色缺位或越位

职业教育集团化办学的健康、持续发展,离不开各级政府的大力支持。各级政府通过制定政策法规,提供财政经费,做好科学部署、统筹协调、评估监管等工作,在职业教育集团化办学过程中发挥着巨大的作用,为职业教育集团的生存与发展提供良好的土壤,成为职业教育集团化办学发展中必不可少的重要力量。但由于受自身内在因素和外在因素的影响,政府在办学中也存在着一些偏差,表现为政府职能的错位现象,这种错位包括缺位和越位两方面,功能定位不清、职责划分模糊,导致"放管服"改革不到位,出现不作为与乱作为现象并存,阻碍了院校与企业参与集团合作的积极性和主动性,严重影响了职业教育集团化办学的良性发展。

(1)政府角色缺位。

政府角色缺位是指政府在职业教育集团化办学管理过程中,在能管和该管的领域,尤其在法律制定、政策支持、经费供给和协调监督等方面履职不到位。优先发展教育,特别是职业教育,首先表现在立法上,以法律法规的形式对职业教育予以规范和鼓励,以保障技术技能人才培养的规范化和持续化。在国外,政府非常重视制定法律法规来规范和引导集团办学,如德国的《职业教育促进法》和《手工业条例》。我国《职业教育法》的颁布是职业教育制度化、规范化的重要标志。《职业教育法》作为规范国家职业教育的基本法,无法做到对整个职业教育体系无遗漏、面面俱到,相应的下位法规的补充和支撑不足,刚性约束缺乏，落地困难，存在硬法软化的现象。我国职业教育集团化办学的法律建设严重滞后，存在着许多法律空白，职业教育集团发展的法治环境还未全面形成。由于法律文本的缺失，使得职业教育集团的发展丧失了基本的保障，导致职业教育集团化办学的问题层出不穷，办学资源综合利用率低。我国政府虽然对职业教育集团给予了高度重视，出台了一系列的指导方针和原则，但从相关政策的文本来看，概括性或原则性的规定较多，可操作性的条款较少，主体之间的权、责、利不明确，缺少利益平衡机制，无法保证其运行的规范化与程序化。在税收、信贷等优惠政策方面，针对企业是否加入职业教育集团未实现差别化区分，限制了职业教育集团中企业参与的积极性。不同的法律法规、政策文本之间和同一法律及政策体系内部还存在着矛盾，导致职业教育集团化办学在运转过程中经常出现无法可依的局面。与此同时，在地方政策层面，各级政府出台的配套性政策措施细化不够，往往是中央文件精神和内容的生搬硬套，未能结合自身经济与教育发展水平做到因地制宜，缺乏创新性和针对性，导致政策无法落地，影响了职业教育集团的健康发展。

持续稳定的经费投入是职业教育集团化办学取得成功的重要保障。目前，政府对职业教育集团资金支持不够。《中国教育经费统计年鉴2011》显示，2010年全国财政教育经费1.4多亿元，其中，中央政府投入约1 492万元，只占到10.2%；高等职业教育国家财政拨款约491万元，占其教育投入的46.7%，并且这已是近几年的最高比重。2016年，职业教育经费占总教育经费的10.4%；本科生均经费与高职生均经费相差7 365元。高等职业教育政府财政经费投入不足，更遑论职业教育集团的财政支持。长期以来，基数加增长和综合定额专项补助是我国教育财政拨款的主要方式。这两种资金投入均是以学校为单位，而以职业教育集团为单位的持续的专项经费投入尚不多见，财政支持的缺位导致职业教育集团发展后劲不足。

由于受盲目政绩观和功利心的影响，政府在职业教育集团成立时与成立后支持力度呈现虎头蛇尾现象，缺乏后续的有效指导、支持与监管，没有建立起规范的集团绩效考核指标体系，导致很多职业教育集团建设形式化，极大阻碍了职业教育集团化办学的有序、健康发展。

（2）政府角色越位。

政府在教育中的越位是指在职业教育集团建设过程中，有些政府部门角色定位模糊，干涉失当，未能及时由办学主体向统筹者、协调者转变，表现为政府权力的过度干预。长期以来，由于受计划经济管理模式影响，政府承担着全能者的角色，政策边界无限放大，可谓是无所不能、无所不管，陷入无限责任政府、政策万能论的误区。政府基本上集举办者、管理者和办学者于一身，对职业教育问题大包大揽，忽视了市场在职业教育资源配置方面的作用。这些行为违背了公平公正和适度介入原则，抑制了社会各界参与职业教育集团化办学的积极性，阻碍了职业教育集团化办学的民主性的发挥，造成政府在管理领域的越位，导致职业教育集团化办学管理的混乱以及各主体之间的职能角色模糊不清，职业教育集团化办学敷衍，流于形式。在集团组建过程中，有些地方行政部门虽然提出自愿参加的原则，但实际上却通过指令性手段来实现自己的行政目标，忽视了市场力量的自发推动作用，"拉郎配"的现象屡见不鲜，造成集团内部关系松散，缺乏凝聚力。由于职业教育集团是一个新生事物，在发展过程中一方面希望能够自治，另一方面遇到困境时又希望政府更多的干预，这种矛盾的诉求干扰了政府行政部门的合理判断，行使职能时左右摇摆，越位也成为常态。

职业教育集团化办学的主要目的是整合各界资源，降低人才培养成本，激发职业教育办学活力，提高职业教育的竞争力，而政府调控的目的就是帮助职业教育集团更好、更快地实现其办学目标。但政府在职业教育集团化办学中管理或者过宽、过广，或者呆板、滞后，政府越位和缺位时时交织在一起，影响了职业教育集团的顺利发展。随着职业教育的发展，政府的地位和角色发生了重要变化，从过去的主导变成了推动。2005 年颁布的《国务院关于大力发展职业教育的决定》强调完善政府主导、依靠企业以及充分发挥行业作用和社会力量积极参与的多元办学格局。2010 年颁布的《国家中长期教育改革与发展规划纲要》中规定，"调动行业企业的积极性。建立健全政府主导、行业指导、企业参与的办学机制"。但从 2014 年开始，国务院关于职业教育治理体系中政府作用的政策表述发生了明显变化，《国务院关于加快发展现代职业教育的决定》中明确指出，"政府推动，市场引导。发挥好政府保基本、促公平作用，着力营造制度环境，制定发展规划，改善基本办学条件，加强规范管理和监督指导等"。从政府主导到政府推动，系列政策中政府的作用有着明显的变化轨迹。职业教育集团的组建与发展，都需要政府的大力指导和支持，作为政府部门，要明确自身的职能定位，简放政权、转变职能，真正实现微观管理向宏观调控、直接管理向间接管理的转变，变划桨者为掌舵者，恰如其分地发挥好宏观调控作用，是服务型政府的应然之义。

（3）非法人组织身份困境。

我国目前除少数职业教育集团外，大部分职业教育集团组织本身均不具有独立法人身份，是一个非法人组织。湖北省出台的《省教育厅关于推进职业教育集团化办学的意见》明确提出，"职业教育集团属于非独立法人组织，凡自愿遵守职业教育集团章程，具有独立法人资格的职业教育机构和企事业单位均可加入集团；集团成员单位的隶属关系不变、产权性质不变、教职工身份不变"。据《中国职业教育集团化办学年度报告（2017）》，全国 1 406 个职业教育集团中仅有 53 个法人实体型集团，占比 3.77%，也就是说，96% 的职业教育集团属于非法人组织。法人是具有民事权利能力和民事行为能力，依法独立享有民事权利和承担民事义务的组织，最典型的法人组织是公司。非法人组织是自然人活动向法人组织过渡的一种中间组织形式，2021 年 1 月 1 日开始实施的《中华人民共和国民法典》（简称《民法典》）规定："非法人组织是不具有法人资格，但是能够依法以自己的名义从事民事活动的组织。非法人组织包括个人独资企业、合伙企业、不具有法人资格的专业服务机构等"。《民法典》同时也规定，"非法人组织的财产不足以清偿债务的，其出资人或者设立人承担无限责任"。这就意味着，非法人组织还不是一种完全民事责任主体。

职业教育集团的非法人组织性质，使得职业教育集团不能拥有财产、无法以法人主体的身份与外界签订协议，无法对外交流合作，不能代表各成员单位承担法律责任，不可能出现任何投资行为，独立开展活动的能力有限。

职业教育集团实体化运作是成员单位间紧密合作的重要载体。这种高效能的载体，承载着产权、成本、资源、交易、风险及管理等市场化特征要素，可作为利益杠杆撬动合作主体主动投资、积极参与管理、乐于分享的原初动力，从而促进风险与成本共担、资源与利益共享的正向合作关系的建立。在以章程为纽带的职业教育集团运行中，由于集团本身不具备独立法人资格，使得集团成为一种松散型的联合体，职业教育集团只是多个个体的简单集合，决策层并不具备对成员单位的实际控制力，无法实现资源的有效配置和人财物的自由流动，成员单位各自合理的利益诉求也未能在职教集体决策中得到充分体现。其功能大多停留在指导与咨询、协助与支持的层面，成了名义上的协调组织，对于重大事项的决策作用发挥有限。成员单位相互独立，不存在隶属关系，集团成员单位参加自愿，退出自由，缺乏应有的产权约束，多元主体角色定位模糊。集团中各成员单位虽然共同认可并制定了相互约束的章程，但章程本身缺少相应的法律效力，集团在实际运行过程中，缺乏刚性的制度约束，章程无法成为集团内各成员的行动指挥棒，主体间各自为政，貌合神离，人、财、物等资源上不可能实现集中调配与有机整合，集而不团现象非常普遍。正是由于职业教育集团法人资格的缺失，导致集团凝聚力差，合作流于表面，呈现蜻蜓点水现象，无法发挥集团合作共赢的优势，背离了组建职业教育集团的本意，严重制约了集团的整体发展。

随着职业教育改革进程的不断推进，职业教育集团的深入发展，集团应在相关政策支持和条件成熟下，明确集团的属性定位，解决职业教育集团无法进行法人注册的困境，从法律定位上消除影响职业教育集团发展的"瓶颈"。通过赋予职业教育集团以独立的法人资格，使集团的法律地位、组织形式、成员间的责权利等有章可循、有法可依，实现教育链、人才链与产业链的深度融合，改善校热企冷现象。

2. 职业院校服务地方产业发展能力不强

职业院校服务地方产业发展的能力还有一定的差距。《经济危机时代的职业教育：来自全世界的经验》（2017 年）明确指出，不断加剧的技能短缺是造成经济出现危机和各国就业问题的根本原因，其成因在于职业教育和培训系统缺乏灵敏性，无法根据劳动力市场需求变化而及时培养和培训高水平的技术技能人才。差距表现在：一是培养的学生无论是知识、技能还是能力尚不能无缝对接企业岗位，不能充分满足企业对技术技能人才的需要，企业需要花费一定的人力、物力提高其岗位适应力，由于存在着潜在的流失可能，因此增加了企业管理成本，带来了企业用人风险，势必降低企业的积极性。二是在专业设置上，存在扎堆现象，专业同质化、千校一面的现象比较普遍。由于收集渠道、甄别手段、决策能力方面限制，未能及时、准确、有效地识别市场需求信号，未能及时根据市场人才需求动态调整专业设置，与当地产业契合度不够，缺乏前瞻性，不能完全适应产业转型的需要。企业未能深度参与专业设置，是产生结构性失业现象的原因之一。三是职业院校双师型教师队伍建设尚不完善，理论素养和实践能力方面仍需加强。具体表现为理论型老师居多，很多老师从院校到院校，缺少一线生产经历，传授的知识和培养的能力与企业的要求有一定的差距，服务企业能力较差，无法成为企业的座上宾，影响了校企合作的效果。随着产业经济转型升级不断加速，导致职业更迭速度加快，双师型教师的专业素质受到较大的挑战，"活到老，学到老"不再是一句空话。校企合作尚不深入，新技术、新工艺、新规范未能及时变现，无法很好纳入专业素质中。四是职业院校存在着教学内容陈旧、专业技术过时，教学和实践两张皮，重课堂教学、轻实践能力培养等教育教学方面的问题。五是职业院校在解决生产一线技术难题的科技开发、技术应用等方面能力不强，成果转化率较低。2018年职业院校质量报告统计数据显示，全国有四分之一的高职院校横向技术服务到款额在百万元以上。六是公办职业院校缺少危机感，无论在生源还是经费方面具有天然的优势，因此对于市场需求敏感性差，对校企合作育人的本质认识程度不够，多数停留在弥补办学资源不足、缓解院校教学条件欠缺、解决学生实习就业等方面，导致合作深入程度较低、育人层次不高，无法实现国家倡导校企合作的目标和愿景。

3. 企业参与校企合作形式化、表层化

企业在设备、技术、资金等方面占有优势，是职业教育集团的主要办学主体之一。2014年，《国务院关于加快发展现代职业教育的决定》（国发〔2014〕19号）明确要求"鼓励行业和企业举办或参与举办职业教育，发挥企业重要办学主体作用"。2015年，教育部《关于深入推进职业教育集团化办学的意见》提出"充分发挥职业教育集团成员单位中行业企业的作用"。2018年，《国务院办公厅关于深化产教融合的若干意见》将"强化企业重要主体作用"列为重点任务。《教育部等六部门关于印发〈职业学校校企合作促进办法〉的通知》（教职成〔2018〕1号）强调要"发挥企业在实施职业教育中的重要办学主体作用"。连续出台的政策文件表明企业在职业教育具有重要作用，是职业教育集团化办学的重要办学主体。但在职业教育集团化办学实践过程中，虽然职业教育集团组成单位中企业参与数远远超过学校，但是企业参与呈现形式化、表层化现象，热情不高，校企合作往往呈现剃头挑子一头热现象，没有充分发挥出企业应有的主体作用。

我国法律在企业支持和参与职业教育方面仍停留在原则性规定层面，在《企业法》《税收法》等相关法律中没有与《职业教育法》等教育法律相配套的规定。我国虽制定了一些鼓励企业参与职业教育集团化办学的政策和文件，但多是从企业社会责任视角制定，行业企业利益考虑欠缺，激励措施不足。目前还无统一的校企合作法律法规文本，相关法律法规散见于各级人大及教育主管部门所制定的法律法规和规章制度中。行业企业是否能够或愿意在集团建设中发挥作用，取决于成员单位本身的能力和意愿，并无其他约束机制。集团缺乏遴选机制，退出不需要履行任何相关程序。企业是追求利益最大化的经济实体，与职业院校进行校企合作首先要考虑的是，企业自己的生产效益是否能够得到保障。例如，企业在接纳职业院校实习期间发生的物耗能耗问题、企业商业秘密、核心技术保密问题、实习学生生产培训费用问题、企业实习指导教师费用问题等，这些校企合作期间发生的实际问题没有具体的法律法规保障，企业参与校企合作的积极性就不会提升。

技术技能人才是企业与职业院校的利益契合点。职业院校提供稳定、优质、充足的人才是企业参与职业教育的最大动力。但许多企业认为，学生所学的内容和获得的技能水平与用人单位的需求相关度较低甚至相差甚远，学生的责任心、敬业精神、服务意识等综合素质也不能令企业满意。此外，人力成本负担重和搭便车现象也是企业参与职业教育动力不足的重要原因。行业企业是市场主体，利益最大化是其始终不渝的追求。改革开放以来，我国经济走的是一条粗放型、劳动密集型的道路，产业的技术门槛较低，加之职业资格准入制度的不完善，因此，企业可以从社会上获得成本更为低廉的劳动力，而无须依赖于职业学校。在外部劳动力市场存在的情况下，企业获得相应的劳动力的门槛较低，只需要进入劳动力市场就可以。当外部劳动力市场获取人才的成本低于企业在集团化合作中付出的办学成本时，会抑制企业参与人才培养的积极性和主动性。而且不同于产品生产，人才培养具有周期性和滞后性的特点。行业企业在职业教育集团化办学中投入得到的产出具有延迟效应，从而影响其参与职业教育集团化办学的热情。在自由流动的劳动力市场上，搭便车的现象也是抑制企业参与职业教育的原因之一。由于人力资本使用权、执行权和收益权规定尚不完善，一些企业从学校或其他企业中挖人，却无须承担技能培训的成本，人力资本外部性收益会为非参与企业获得，给投资企业带来极大的损害。企业既要承担职业教育投资成本，也要承受双主体育人后，学生换工作所带来的经济损失，这将会挫伤企业参与职业教育的积极性，导致企业参与职业教育人才培养的意愿不高。基于成本收益视角，通过对浙江省、上海市109家企业的实证分析发现，企业参与职业院校实习总体上是盈利的，但仍有40多家企业亏损，而且学生留任率较低使得企业在实习结束后获得的长期收益不高。

资源的共享、多方的共赢是职业教育集团可持续发展的基石，是利益主体积极参与职业集团建设的根本动力。企业作为经济人，经济目标是其首要目标，追求经济利益，获取利益最大化符合其经济人的自然属性。在实质性合作中，由于法律政策的不健全和资源非对称依赖，参与人才培养支出多、回报少、责任重、风险大，无法保证企业获得符合其需求的优质人才，进而提高企业的生产力和竞争力，企业的经济利益难以得到保障，使得企业顾虑重重，裹足不前，形成了校热企冷的窘局，制约了职业集团的良性发展。

4. 行业组织自身发展不完善

行业协会是工商企业基于共同利益自愿组成的非营利性民间组织。行业协会以会员的形式将行业内的工商企业组织在一起，履行协调、监管和保护等职能，促进整个行业的共同发展。行业协会具有非政府性、自治性、公益性等特征。

行业协会作为社会经济组织的联合体，它不同于行业内单个企业，存在着个体理性的盲目性及关注企业的个体利益、眼前利益，重视集体理性、行业整体利益与长远利益。因此，行业协会代表了一种源自社会的自治制度。行业协会作为行业企业的代表，独立于政府和市场之外，了解行业企业的需求和发展趋势，能使社会资源得到有效配置，弥补政府和市场的不足，行业协会作为重要的沟通中介架起联结政府与企业的桥梁。

职业教育的发展离不开行业指导。在德国、澳大利亚等职业教育发达国家，行业组织能够充分发挥行业指导作用，促进产教合作顺利开展，激发职业教育活力，有效推动产业与教育的深度融合、学校与企业的紧密合作。德国联邦层面行业协会均设立专业科研机构，结合自身行业领域开展职业教育相关研究工作。

2010年，我国43个行业职业教育教学指导委员会成立。2011年6月，《教育部关于充分发挥行业指导作用推进职业教育改革发展意见》出台。2014年，国务院出台的《加快发展现代职业教育的决定》明确了职业教育中行业组织的行业指导、评价和服务三大职能。行业组织作为职业教育的重要成员，通过充分履行三大职能，发挥职业院校与企业沟通的桥梁与纽带作用，引导职业教育办学行为，提高人才培养质量。

由于历史原因，我国行业组织起步较晚，自身发展还不完善，没有形成强有力的行业组织，发挥作用较小，只有行业职业教育教学指导委员会参与治理，培训、评价、仲裁委员会等行业机构缺失，在职业教育监督与评价方面作用发挥不足。与西方发达国家相比，行业组织缺少行政力量支持，与职业院校之间的联系较少。目前，行业组织的指导作用发挥不充分主要原因如下：

（1）法律法规不健全。

行业协会参与职业教育的相关法律法规偏重于原则性和方向性，不具体、不明确，缺乏可操作性。同时，缺乏保障与惩罚机制，没有建立面向行业协会的专项经费支持制度等，导致行业协会参与职业教育的积极性不高，约束力不强。

（2）行政色彩浓厚。

当前我国的行业协会大部分是在政府主管部门指导下成立的，官办型行业协会领导人多是由行业协会原主管部门的退休领导人担任。这样的行业协会独立性差，行政色彩浓厚，工作思路、作风与行政部门相似，成为所谓的"二政府"。还有一部分行业组织顺应市场自发成立，虽脱离行政附庸，但缺少权威和信度，这部分行业组织参与职业教育的角色定位比较尴尬。

（3）自身发展不完善。

我国各类行业组织有着不同的历史背景和不同的形成方式，实际能力参差不齐，有些行业协会尚处在发展萌芽时期，在行业内缺乏影响力，有些行业协会拥有的资源和经费筹措渠道有限，维持自身日常运作都难以为继，不具备顺利参与职业教育的能力。服务职能弱化，在行业发展报告、人才需求预测等方面，存在信息搜集、整理与分析能力偏弱、发布迟缓等问题，社会公信力不高。

（4）组织能力弱化。

行业协会的内部组织权责不明晰，缺少政府或者企业的专项经费支持，人员素质参差不齐，运行机制流于形式，我国行业协会组织能力弱化成为一种普遍现象。

（二）组织机构等流于形式

任何一个组织系统，要实现组织目标，必须具备相应的组织结构。职业教育集团组织结构是指集团组织的基本形态和框架，关系到集团性质、功能发挥和发展前景。组织结构最重要的问题是决策和执行机构的设置、集权与分权关系、组织成员的相互关系等。职业教育集团成员单位较多而且相互之间关系比较复杂，处理好内部关系是职业教育集团治理中的难题。多数职业教育集团为职业院校牵头组建，以章程为纽带，内部管理大都实行理事会制，形成了理事会—常务理事会—秘书处等组织架构。表面看起来，职业教育集团组织机构健全，集团成员各司其职，但现实情况是组织管理体制不健全，内部管理机构仅设理事会、秘书处等常规机构，管理人员多来自牵头学校，人员配备严重不足，组织空心化问题非常突出。集团运作缺乏规范，管理工作粗放，组织运转不畅，组织机构多流于形式，真正发挥作用的不多，集团工作非常态化倾向较严重。一项调查结果显示，在49个中职学校牵头的职业教育集团中，仅有近47%召开了集团层面会议，平均每年为3.17次，有近45%的集团举行了专项对接交流活动，平均每年为4.41次；而在123个高职院校牵头的职业教育集团中，这些指标依次分别为60%、3.9次、61%、9次。这些数据表明，我国职业教育集团工作运行的非常态化倾向较为严重。各职业教育集团的章程、运行办法等规定得比较粗泛、过于原则化，有关理事会的定期会议和临时会议制度、理事与常务理事的推荐和任期等无具体规定，有关工作目标和任务、成员与管理、经费和资产管理等描述得较为笼统，且部分雷同，缺乏专业、行业或地区特色。

（三）治理机制缺乏活力

按照系统论的观点，机制是指系统中各要素之间相互作用、相互制约，使得系统良性循环、健康发展的规则、秩序的总和。职业教育集团化办学治理机制是指构成职业教育集团的诸要素之间的相互联系和作用的过程与方式，包括决策机制、运行机制、协调机制、激励机制和监管机制等。其中，决策机制是职业教育集团各项工作高效有序开展的指挥棒。运行机制和协调机制是基础，激励机制是手段，监管机制是引导。利益是职业教育集团化办学治理机制的核心和动力。职业教育集团由不同利益诉求的成员单位构成，利益完成一定程度上依赖于对方的行动，彼此良性互动，才能最大限度保证各自的利益实现，集团才有发展的动力，最终实现集团利益最大化。因此，决策机制、运行机制、协调机制、激励机制和监管机制相互影响、相互作用，围绕集团的利益契合点，共同促进职业教育集团的发展。

目前我国职业教育集团大多已建立"一会三系统"的组织机构，但治理机制还缺乏足够的活力。在决策机制中，主导单位掌握着职业教育集团化办学的重大事务决策权，其他成员单位处于弱势地位，发言权较小，导致民主决策原则难以有效落实。职业教育集团治理没有形成一套行之有效的运行机制、协调机制、激励机制和监管机制，不能充分满足集团各主体的利益诉求,民主治理得不到保障,成员单位参与积极性不高,企业参与动力不足,导致集而不团的现象十分普遍。《中国职业教育集团化办学发展研究报告》数据显示,至2014年年底,全国先后成立各种类型职业教育集团1 048个,仅22%和10%的集团设置监督机构,配套制度完备的仅占28.83%;有内部考核、奖励等配套制度的各占26.53%、30.08%。数据显示,职业教育集团治理机制不健全,治理机制不完善,缺乏应有的活力,降低了职业教育集团运行时效,阻碍了集团资源共享和实现共赢,背离了职业教育集团创办的初衷。

(四) 品牌建设严重滞后

品牌是人们对一个组织机构及其产品、售后服务、文化价值的一种评价和认知。品牌是一种消费者认知,是一种心理感觉,它能在市场上创造一定关注度、产生出一些名誉和声望等无形价值,具有唯一性、不可复制性。当一种品牌被认同后,它会形成强大的凝聚力,不断放大品牌张力。品牌无论对消费者还是企业都起着至关重要的作用。职业教育集团品牌是指职业教育集团在长期发展过程中所凝结的知名度和美誉度,即集团的标识、理念、宗旨、声誉、技术、特色、文化等无形财产。职业教育集团可以通过提高毕业生的质量、教师的知名度、专业的影响力、技术服务水平、办学特色等形成自己的品牌。职业教育集团的品牌会最大限度地发挥集团优势,提升成员单位知名度,提高核心竞争力。在市场经济条件下,职业教育集团的品牌塑造是非常重要的。职业教育集团作为相对松散的办学联盟,要想保持持久的竞争力,必须依靠品质的提升,即加强品牌文化建设。从目前来看,职业教育集团没有充分认识到品牌在职业教育集团化办学中的独特作用,存在品牌意识不强、品牌定位不清晰、品牌提升乏力等问题,品牌建设严重滞后,甚至缺位,影响了职业教育集团的社会认可度。

第二节 职业教育集团治理的对策与建议

正如前文所述,政府职能错位、法人资格缺失、组织机构等流于形式、治理机制不完善和品牌建设滞后等形成了职业教育集团化办学内部的治理困境。职业教育集团实现善治需要解决三个关键问题:一是如何准确界定政府、行业企业与高职院校之间模糊的权力边界和责任范围。二是如何构建多元治理主体参与集团治理的治理机制。三是如何调动行业企业广泛参与集团治理的积极性。解决治理困境,实现善治,必须瞄准这三个靶心,有的放矢解决问题,促进职业教育集团快速健康发展。

一、加强政府宏观调控,做好顶层设计

职业教育集团化办学是我国职业教育改革发展的必然趋势,是职业教育可持续发展的重要举措。职业教育集团化办学涉及地方政府部门、职业院校、行业协会、企业等众多办

学主体，而且主体之间利益诉求不同，关系错综复杂。职业教育集团治理是一个多主体的、系统化的、复杂的工程。完善职业教育集团化办学治理机制，离不开一只看得见的手——政府的支持。在我国，只有作为公共事务管理者的政府才拥有强大的支持力和服务力。作为现代政府，更多的是作为掌舵者而不是划桨者，在公共事务管理中应该做到有所为有所不为，适度用权。《教育部关于深入推进职业教育集团化办学的意见》（教职成〔2015〕4 号）明确指出，要充分发挥政府推动和市场引导作用，政府推动、市场引导是当前发展阶段政府主导职业教育集团发展的主要职能。

政府通过法律手段、行政手段和经济手段等宏观调控手段推动职业教育集团化办学良性健康发展。法律手段是政府制定法律法规，对职业教育集团化办学过程中的各种行为予以规定。行政手段是通过制定一系列相关文件和政策，为职业教育集团的发展方向和办学行为进行指导和规范。经济手段则是通过各种财政补贴、税费减免等经济吸引方式，提高行业企业的参与热情。法律手段具有强制性，这是区别于行政手段和经济手段的最本质的特点。改革开放以来，我国已经进行了多年的职业教育集团化办学探索，国家出台了不少政策文件，在职业教育集团化办学顶层设计方面勤耕不辍，但总体而言，现阶段职业教育集团化办学的顶层设计仍旧存在不足之处，夯实制度供给已成为深化职业教育集团发展亟待解决的主要问题。

（一）健全职业教育集团化办学法律保障

1. 完善职业教育集团化办学的法律法规，规范政府的参与行为

立法是政府对职业教育进行管理的最重要环节和根本措施，是职业教育发展的指挥棒。职业教育立法是指中央及地方政府，依据一定程序，制定或者认可符合现代职业教育发展规律的规范性文件，并以国家强制力保证实施的行为规范活动。法律法规是保障职业教育集团化办学健康有序发展的重要基础和提高职业教育集团发展质量和人才质量的根本保证。由于当前我国职业教育集团化办学方面的法律法规有待完善，导致办学无章可循，无法保障各方参与主体的合法权益，是职业教育集团发展处于困境的主要原因。因此，政府应承担起立法责任，建立完善的法律体系，将职业教育集团治理纳入法制化和制度化的轨道，为各类社会团体参与职业教育集团化办学扫除法律障碍与风险。

纵观世界发达国家，普遍重视对职业教育的立法，以保障技术技能人才培养的规范化和持续化。德国 1969 年的《联邦职业教育法》、1981 年的《联邦职业教育促进法》及其合并的 2005 年《联邦职业教育法》清晰规定了政府、行业组织、企业、职业院校在职业教育中的功能、责任，使各方在开展职业教育治理工作中有法可依。美国的《2000 年目标：美国教育法》和《院校工作多途径法案》，对高校和企业关系在法律上进行明确，对职业教育中企业的权利进行保障。此外，其他的国家也出台了关于职业教育校企关系的法律法规。虽然我国对《职业教育法》进行了修订，但这部法律对企业、学校开展职业教育概括性、原则性规定较多，一些方面仍需细化。我国对于职业教育集团并没有专门的立

法，在职业教育集团方面的法律规定还是一个空白。法律法规保障的缺失使职业教育集团发展的可持续性受到严重制约。

职业教育集团涉及政行企校多元主体，利益关系错综复杂，依法治理是必要之举。建议国家立法机关将职业教育集团化办学给予立法，明确其办学目标、指导思想、具体形式及办学主体各自的责权利，使政府、职业院校、企业和行业组织的行为受法律的监督和制约，以强化对职业教育集团化办学的法律保障，提升对职业教育集团化办学治理机制的法律支持力度，进一步规范政府的行为，使其有法可依，有法必依，避免缺位和越位。除了在国家层面立法之外，还应该统筹协调地方有关职业教育集团立法，可以结合地方实际情况对相关内容进行细化和补充。产权立法缺失制约着我国职业教育集团的健康发展。产权是经济所有制关系的法律表现形式，包括财产的所有权、占有权、使用权、收益权和处置权五个要素。由于当前职业教育集团仅仅以合同和契约形式实现资源配置，我国现行的法律法规对多元主体间的产权交易尚未做出规定，各主体之间的产权流通缺乏保障，投资收益不确定，不利于成员单位之间的利益捆绑，降低了职业教育集团化办学的黏性。现有职业教育集团可以通过牵头院校产权重组的方式，允许合作成员院校以一定的资产形式作为对价换取相应的所有权或其他产权，以形成集团内风险共担、利益共享机制。职业教育集团产权方面立法，有助于职业教育集团优化资源，增强职业教育集团成员间的凝聚力，切实推进职业教育集团产教融合、校企合作，实现集团育人目标。

2. 确立职业教育集团的独立法人身份

职业教育集团在我国职业教育发展中的地位日益重要，职业教育集团化办学在推进现代职业教育体系建立、促进产教融合等方面作用巨大。但由于我国绝大部分职业教育集团属于松散型组织，不具备独立法人资格，使得职业教育集团在发展过程中遇到许多"瓶颈"。作为非法人组织，对外无法单独进行有法律效力的民事活动，对内无法进行有效的激励和约束，集团成员间互惠互利的动力机制难以形成。

《民法典》第五十七条规定："法人是具有民事权利能力和民事行为能力，依法独立享有民事权利和承担民事义务的组织。"法人有三个显著特点：一是独立的组织，无须依靠其他组织或单位而独立存在。二是独立的财产。三是独立的责任，公司是最典型的法人组织，以自身的法定财产独立享有民事权利和承担民事责任。《民法典》规定："非法人组织是不具有法人资格，但是能够依法以自己的名义从事民事活动的组织。非法人组织包括个人独资企业、合伙企业、不具有法人资格的专业服务机构等。"《民法典》同时也规定："非法人组织的财产不足以清偿债务的，其出资人或者设立人承担无限责任。"非法人组织不具备权利能力，没有法律意义上的行为能力，因此无法承担任何的民事责任，也不具备诉讼权利。

职业教育集团法人资格的缺失导致集团主体角色定位模糊、成员单位认同感差、内部治理机制混乱、合作基础薄弱、运作效率偏低、共赢利益链条无法形成。集团虚拟化，集而不团、团而无力的现象愈发明显，职业教育集团逐渐成为空壳，无法发挥任何实质作用。职业教育集团在现实运行中处在无法无序的混乱状态，三链融合（利益链、产业链、教育链）模式远未建立。因此，厘清我国职业教育集团的法律定位，分析其定位困境并提出完善路径，具有现实意义。

在我国现行的法律体系中，《民法典》和《社会团体登记管理条例》是判定独立法人资格的主要依据，但相关条文的局限性无法满足职业教育集团要获得独立法人资格，阻碍了职业教育集团取得合法身份。2009 年，教育部出台了《关于加快推进职业教育集团化办学的若干意见》提出，"条件成熟时，集团各成员单位可以通过参股、入股的形式，注入资金，分享利益，承担风险"，从政策表述看，当前职业教育集团属于非法人组织，条件成熟时可以按照参股、入股等方式来推进职业教育集团利益分享与风险承担，取得法人资格。职业教育集团如果注册为法人实体，就需要明确职业教育集团的法人类型。然而，并非任何性质的法人都适合于职业教育集团。根据现行《民法典》的规定，我国的法人被分为营利法人、非营利法人、特别法人三个类别。不同类型的法人因为性质差异，章程及业务范围也是不同的。职业教育集团到底是何种法人类型的问题很关键，这关系到职业教育集团的发展定位、权责分配与发展方向。政府除对职业教育集团给予法人地位，还需要健全法人领域的职业教育集团制度建设，出台相应的建设标准，促进职业教育集团的规范化、科学化、有序化发展。完善有关法人资格认定的法律规定，落实职业教育集团的合法身份，对增加职业教育集团办学资源积累、壮大职业教育集团实力、促进职业教育集团可持续发展具有十分重要的推动作用。

（二）完善职业教育集团政策保障

众所周知，制定政策是政府的重要职责。虽然各级政府在推进职业教育集团化办学方面取得了长足进展，但实施方面仍存在着不足，一个普遍现象是政策多停留在文本层面，缺少具体落地措施。地方人民政府缺少与中央政府政策相配套的文件，组合力度不够，偏离了政策的设计目的，另外，多头管理使得政策的顺利执行打了折扣，影响了政策的实施效果。因此，地方人民政府必须因地制宜，细化政策，保证政策落实到位。政府作为职业教育集团化办学的政策制定者、推动者、协调者，需要尽快完成控制型政府向服务型政府转变，深入推进简政放权、放管结合的改革，真正凸显政府公共服务的职能。根据职业教育集团的发展现状，并结合经济社会发展的水平，开展充分的调研活动，量身打造适应职业教育集团发展的指导性政策，增强整合性与协同性，减少反复强调的内容和事项，地方人民政府要充分领会和贯彻落实好国家关于职业教育集团化办学的文件精神，增强创新性、灵活性和适应性，立足于当地政行企校等主体的实际情况和需求制定细化、可操作的配套性政策和措施，为职业教育集团化办学持续、健康发展创造稳定的政策环境，充分发挥有形的手的作用，使政府承担起职业教育集团治理中的协调责任和组织责任。政策制定：一是以政策法规的形式规范多元主体治理的权利、义务关系，建立起科学规范、权责一致、适应性强的职业教育集团化办学制度。二是政府可设立职业教育集团专项资金，并鼓励多渠道筹集，用于补贴职业教育集团运行产生的费用，资助课程教材开发、双师型教师队伍建设、实训基地建设、科技研发转化等。三是制定职业教育集团的激励政策，明确企业在职业教育集团中享受的各项优惠政策，解决企业的后顾之忧，提高行业企业参与办学的积极性。调研显示，企业冷的原因之一是外部性收益受损。对实习生的顶岗实习成本调查显示，企业在实习生顶岗实习总成本中占比约74%。企业作为营利组织，追求利润最大化为不二法门。企业培养实习生承担了大部分成本，如果实习生毕业后去了别的企业，实习企业会遭受损失，企业积极性受到打击。英国职业教育一度奉行企业自愿自助系统，英国劳动力市场完全自由，人员流动性高，频繁跳槽和企业不断挖人现象非常普遍，英国企业越来越不愿意提供职业教育。后来，政府以服务购买者身份有效介入，降低了学徒培训被外部偷猎的风险，有效鼓励了企业参与的积极性。从2009年到2012年4年时间，荷兰的失业率平均为5.2%，远低于欧盟国家的14.6%。行业指导、企业参与的职业教育是荷兰低失业率的重要因素。荷兰政府高度重视行业企业对职业教育的参与。行业协会牢牢掌握着职业教育的主导权，企业的投资决定着地区教育和培训学院学生及学徒培训岗位的数量。国家对确定为某行业的工作实践培训机构，享有相当于工人薪金15%的退税。退税补贴极大地刺激了广大企业参与行业培训的积极性。四是开展政府向职业教育集团购买教育服务项目。职业教育集团具有丰富的教育资源，有能力、有条件为社会提供相关公共教育服务。购买教育服务既可以增加职业教育集团的办学收益，也有利于推动优质教育资源共享。五是制定职业教育集团的考核及评价标准。考核及评价标准是政府对职业教育集团实施宏观调控的重要手段，可以保证职业教育集团化办学有序发展。六是加大宣传力度，营造有利于职业教育集团发展的舆论氛围。各级政府应当积极组织和引导电视、广播、互联网、报纸等多种媒体渠道宣传职业教育集团化办学相关政策法规，让社会各界了解和支持职业教育集团，增强职业教育集团成员单位的价值感、荣誉感和归属感，形成全社会支持职业教育集团化办学的舆论氛围。

二、建立职业教育集团多元主体利益诉求及利益协调机制

利益的矛盾与冲突是治理的必要前提，利益的妥协与契合是治理的有效性前提。布莱森认为，使主要的利益相关者感到满意是任何公共和非营利性组织成功的关键。现代职业教育治理要着眼于以育人为目标的公共利益的实现，但不能无视多元主体的其他利益诉求。秉承互利共赢的理念，协调多元主体间的利益关系，通过多方博弈实现利益的契合，是治理的成功之道。职业教育集团本质上是一个利益共同体，这个利益来自教育、经济和社会的各个方面，奠定了各参与主体组建职业教育集团的本质基础。《教育部关于深入推进职业教育集团化办学的意见》明确提出，推动建设以相关各方利益链为纽带，促进校企双赢发展。多元主体共同参与是职业教育集团化办学的最显著特征，其优化了集团办学结构，丰富了集团教育资源，提高了集团办学的协同性，但同时也不可避免地形成了多元化的利益诉求以及复杂的利益关系。作为职业教育集团的两个重要主体，职业院校与企业在

利益诉求上存在着不小差异，前者的目标是培养人才，更加注重社会效益；后者的目标是追求利润，更加注重经济效益。根据亚当·斯密关于经济人的假说，经济社会中的合作关系建立在利己基础上，个体产生合作的意愿是以自身获利为目的，并在遵守一定的准则前提下与其他个体发生合作关系。如果出现利益不均衡，无法满足自身利益诉求，就会导致合作进行不顺利。利益主体越多，引发的利益博弈越复杂。职业教育集团治理就是要协调多元主体之间的利益在集团内部的调整和分配，在充分把握职业教育集团各主体利益诉求的基础上，兼顾或实现多方主体的合理利益诉求，处理好多方关系，形成一个良性、持续、互动的合作伙伴关系，不断提升集团竞争优势、提高集团运行效率，实现集团持续、稳定、健康发展。厘清多元主体利益诉求，构建利益协调机制是完善职业教育集团化办学模式内部治理机制的逻辑起点。在厘清不同主体利益诉求之前，必须要始终牢记职业教育集团化办学的根本任务是育人，利益协调的前提是始终围绕育人目标进行，在此前提下厘清不同成员单位利益诉求，并通过充分沟通协商，实现各种目标诉求，调动不同主体的积极性和主动性，最大限度发挥各成员单位的办学合力。

（一）厘清多元主体诉求，找准利益结合点

1. 地方人民政府利益诉求

地方人民政府（部门）是我国职业教育最主要的举办者和治理者。地方人民政府（部门）以牵头院校或是普通参与主体身份应邀参加职业教育集团，并不介入集团具体工作事务。地方人民政府（部门）作为集团的成员单位，主要提供政策咨询，协调解决问题，更多的是体现自身的公益价值。地方人民政府（部门）参与职业教育集团的主要诉求：一是搭建产教融合、校企合作的平台，整合教育资源和产业资源，破解校企合作两层皮难题，实现职业教育供给侧与需求侧的有效对接，促进技术技能积累与创新，提高人才培养质量，为当地的产业结构调整和快速升级提供人才支撑和智力支持。二是完善职业教育治理体制机制建设，推动职业教育治理体系和治理能力现代化，提高职业教育集团化办学水平。三是加快现代职业教育体系建设，做好中高职有机衔接，成为人才培养立交桥的重要载体。四是通过做好职业教育集团的政策与制度供给工作，协调成员单位之间利益冲突，解决办学中出现的问题，促进集团和谐发展。五是构建完整的职业教育集团化办学质量监管和认证体系，实施全方位的职业教育集团教育评估，以充分保障集团的办学质量。

2. 职业院校利益诉求

教育与生产劳动和社会实践相结合，是马克思主义教育观的基本要求。目前，我国大多数职业教育集团由职业院校牵头，其中高职院校牵头数量最多。教育链与产业链的融合是职业院校工作的重中之重，职业教育集团为开展校企合作、协同育人提供了有力平台。职业院校牵头组建或参与职业教育集团的主要诉求：一是借助职业教育集团平台，优化资源配置。行业企业灵敏的市场嗅觉、先进的生产设备和技术、真实的工作环境，能够弥补职业院校自身能力的不足，实现人才培养与企业需求的无缝对接，提高人才培养质量，促

进区域经济社会发展。二是需要政府（部门）的法律政策支持和统筹协调。职业院校希望政府（部门）制定、出台有利于职业教育集团发展的法律政策，做好集团内部诸多关系的统筹协调工作，为职业教育集团办学保驾护航。三是构建现代职业教育体系的需要。促进技术技能人才的贯通式培养，完善学历学位证书和资格证书双证书制度，实现职业教育的可持续发展。四是提升学校科研能力和服务企业的能力。通过及时了解行业企业发展迫切需要解决的难题，与企业联合开展技术攻关，拓宽科技服务领域，提高社会服务能力。五是提升办学实力和影响力的需要。职业教育集团依仗丰富的社会资源形成了技术技能积累的资源聚集地，通过提高技术技能人才的培养质量，汇聚更多的优质生源，提升服务区域经济和产业发展的能力，提高知名度与美誉度。

3. 企业利益诉求

企业积极性不高，剃头挑子一头热一直是校企合作的痼疾。企业参与职业教育集团的动力，主要源于利益驱动，而不是责任驱动。只有了解企业的利益诉求，找准企业的利益关注点，满足了企业的利益诉求，才能调动企业的积极性和主动性，促使企业深度参与职业教育集团化办学。一项校企合作影响因素实证研究表明，企业参与校企合作影响因素主要有资源依赖程度、合作经验、保障机制维护及声誉文化体系四个方面。

具体来说，企业参与职业教育集团化办学的利益诉求：一是通过参与职业院校的专业设置、课程开发、实训基地建设等人才培养过程，开展订单培养、现代学徒制等合作，使职业院校人才培养更贴近企业需求，获得优质人力资源。二是企业的持续发展离开了创新，无异于缘木求鱼。利用学校在教学科研方面的人才优势和智力集聚优势，为企业提供技术方面的服务、咨询和转让等，与职业院校联合攻关解决技术难题，满足企业持续创新的需求，从而提高企业经济效益。三是借助职业院校现有的培训资源开展企业员工培训，满足企业员工培训的需求，提高员工素质，提升企业竞争力。四是希望通过参与校企合作获得政府给予的政策性支持和税收优惠。五是在社会上树立企业热心职业教育的良好形象，增加知名度和美誉度。

4. 行业组织利益诉求

行业协会是职业教育集团的重要成员，是职业院校与企业沟通的桥梁与纽带。行业协会作为非营利性社会组织，具有紧密联系市场的优势，能将行业企业的需求与信息及时传递给教育界，推动教育链与产业链对接，提高职业院校技术技能人才培养质量。《国务院关于加快发展现代职业教育的决定》中指出，"加强行业指导、评价服务，行业组织要履行好发布行业人才需求、推进校企合作、参与指导教学、开展质量评价等职责"，确立了行业组织在职业教育中不可或缺的地位。行业协会参与职业教育集团主要有如下利益诉求：一是行业协会可以利用集团平台开展行业人才需求预测、评价标准制定、本行业的职业资格框架开发等。二是行业组织参与职业院校的专业建设、课程开发、质量评估等，促进人才结构与专业结构、行业标准与课程标准、行业活动与专业教学实践活动的良好互动融通，引导职业院校的办学行为，使得职业院校技术技能人才的培养符合企业的需求。三是行业组织基于行业内的技术转型与升级的需求，推动知识、技术、师资的共享与互补，开展科技公共应用技术培训与推广、技术革新与改造等。四是以行业为主体，开展专业教师企业实践、学生岗位实习与企业员工培训工作，整合统筹相关资源，提高利用率。

（二）构建集团多元主体利益协调机制

职业教育集团治理的目的是克服有限理性和资源稀缺性所带来的弊端，充分发挥各自优势，从而实现集团利益最大化和自身利益最大化。职业教育集团各治理主体，均应牢记打铁还需自身硬的道理，建立起政府的政治权威、职业院校的教育权威、企业的市场权威、行业协会等社会组织的社会权威，为合作奠定良好的基础。

1. 政府完善立法，加强相关政策支持力度

政府要充分认识职业教育集团化办学的重要作用，提供有力的政策法规支持。法律作为一种制度化的社会规范形式，权利与责任构成其基本范畴。通过立法的方式，明确职业教育集团的法律属性、多元主体的责任、权利和义务，建立健全职业教育集团化办学的准入、退出和过程评价制度，推进职业教育集团化办学科学化、规范化，实现可持续发展。政府要加大对集团化办学的政策保障和财政支持，改善集团化办学环境，激励行业企业深度参与职业教育。

2004年由河南交通职业技术学院牵头成立河南省交通运输职业教育集团。河南省交通运输厅党组对交通运输行业职业教育的发展非常重视，多次召开党组会专题研究职业教育集团化办学事宜，划拨专项科研教育经费用于集团建设，并结合国家、省委省政府相关文件和省交通行业发展的实际，先后出台了《河南省交通运输厅关于加快推进交通运输行业集团化办学的若干意见》《关于进一步支持河南省交通运输职业教育集团发展的实施意见》和《河南省交通运输厅关于全面深化交通运输教育产教融合、校企合作的指导意见》等指导文件，为集团可持续发展打下了坚实的基础。

2. 职业院校主导集团化办学，发挥其主体责任

大多数职业教育集团以高职院校为牵头单位，作为集团的重要主体，一是加强学院自身建设，苦练内功，适应地方经济社会发展需要，打造职业院校名校品牌。在专业设置、课程建设、师资建设、科研创新等方面切实提高自身的教育质量与社会服务能力，紧密对接产业链、创新链，结合学校自身优势推进专业建设的三化——标准化、规范化和品牌化，提升整体办学质量，吸引行业企业参加集团化办学。二是密切结合当地产业发展，优化专业设置。首先，建立专业规划制度。职业院校充分利用职业教育集团优势，协同政府、行业企业等共同研究专业设置，提高专业设置的科学性、可行性，避免专业设置的盲目性、随意性，使专业设置契合当地经济社会发展需要，为行业企业发展培养适销对路的人才，提高行业企业参与集团工作的动力。其次，建立人才需求预测制度。由于人才培养具有一定的周期性和滞后性，因此专业设置必须具有前瞻性。通过建立合理的人才需求预测制度，保证人才培养与时俱进，提高人才的竞争力。最后，适应互联网时代的学习特

点,专业设置和课程建设体现互联网+教育特点,通过信息技术和大数据平台建设,突破时空限制,职业教育集团成员单位都能共享优质课程,提高职业教育集团的整体发展水平和增强凝聚力。三是加强职业院校双师队伍建设。职业教育的培养对象是应用型人才,与其他类型人才不同,应用一词要求从事职业教育教学的教师必须具有丰富的实践经验和技能。因此,双师型教师体现了职业教育作为类型教育不同于其他教育的特色,是职业院校教师队伍建设的重点和亮点。《国家职业教育改革实施方案》规定:"职业院校、应用型本科高校相关专业教师原则上从具有 3 年以上企业工作经历并具有高职以上学历的人员中公开招聘。"职业院校双师队伍建设要认真落实 2018 年中共中央、国务院印发的《关于全面深化新时代教师队伍建设改革的意见》,通过校企双方共建双师教师培养培训基地,设立教师企业工作站和企业技师工作站,组织职业院校教师定期到企业实践和开展服务,企业技师常驻学校,校企专家互相兼职制度等打造一支技艺精湛、专兼结合的双师教师队伍。制定职业院校教师素质提高计划以及与之相配套的教师培训方案,提升职业院校教师队伍的整体素质和教育教学能力,为校企合作的顺利实施奠定良好的基础。四是积极寻求校企双方利益平衡点,开展多种形式合作,如订单培养、员工培训、技术攻关、现代学徒制等,多方筹措资金,建立校企合作专项经费,提高服务企业的能力,调动企业参与职业教育的积极性和主动性。同时建立健全产教融合的教学机制,主动与技术先进、管理规范、社会责任感强的规模以上企业深度合作,促进企业参与人才培养的全过程,实现教学标准与产业标准、课程内容与职业资格标准、教学过程与职业岗位劳动生产过程、学历教育与职业资格证书培训的全面对接。五是依据优势互补、合作共赢原则,立足于职业教育集团共同利益,创新职业教育集团化办学体制机制建设,优化多元治理结构,推进职业教育集团良性发展,提升职业教育服务区域经济发展能力。

3. 企业积极参与集团化办学,发挥其社会责任

企业作为社会的重要组成部分,与其他社会组织存在着千丝万缕的联系,其生存与发展离不开社会、国家给予的人力、物质、文化等资源保障和安全保证。英国学者谢尔顿于 20 世纪 20 年代首次提出企业社会责任。企业社会责任(Corporate Social Responsibility,CSR)指企业在利润的创造、对股东和员工承担法律责任的同时,对消费者、社区和环境还承担一定的责任,企业除把利润作为目标,对人的价值的重视和对环境、消费者、对社会的贡献也不容忽视。卡罗尔教授的社会责任金字塔理论认为企业社会责任由企业的经济责任、法律责任、伦理责任和自愿责任共同组成。其中经济责任指企业根据社会需要生产产品并提供服务,同时以公平的价格对外销售,满足消费者需求,实现盈利;法律责任指公司承担法律所规定的责任;伦理责任指企业按照社会准则和规范实施经营行为,并必须遵守根据公平、正当和正确的原则,实现企业社会价值,满足社会成员的期望;自愿责任(又称慈善责任)指公司有慈悲的心,即使法律或伦理都没有明确要求企业履行该责任,但是企业自愿履行该责任。一项调查显示,在"贵企业是否清楚知道企业社会责任"选项上,选择"完全清楚和有点清楚"选项的仅有 34% 的企业。有学者对我国 110 家 500 强企

业参与职业教育的社会责任状况调查发现，企业履行职业教育社会责任主体意识不突出，有待增强。企业作为职业教育集团的重要主体，在推进产教融合、校企合作方面占据着重要地位。2019年1月，《国家职业教育改革实施方案》提出，"培育数以万计的产教融合型企业"，这是一个重大的制度设计，凸显了国家对企业作为重要办学主体作用的高度重视。企业参与职业教育集团的主要动机与目的是获取技术技能人才、开展员工培训、解决技术难题等直接或间接的经济效益。但随着企业社会价值的实现，企业的声誉、信誉和社会影响力不断得到提升，更易于得到政府的政策扶持、财政支持和公众的信赖，进而获得市场竞争优势，又会促进其经济效益的增加。所以企业作为社会组织，既要考虑短期合作利益，又要着眼于长远发展愿景；既要考虑经济效益，又要着眼于社会效益，增强主体意识和社会责任感，充分发挥资金、设备、技术等优势，主动参与职业教育集团化办学，开展全方位合作，推进职业教育集团化办学良性发展，切实承担起促进职业教育发展和区域社会经济发展的社会责任。同时政府应该完善相关法律法规、落实相关优惠政策、建立政府评估与监督体系、强化奖惩机制及加强社会舆论宣传等手段，规范企业的责权利，将企业支持职业教育情况纳入企业社会责任报告，激发企业社会责任意识和履行社会责任的积极性，2018年2月5日，教育部等六部门联合印发了《职业学校校企合作促进办法》（教职成〔2018〕1号），明确了"企业开展校企合作的情况应当纳入企业社会责任报告"。《职业教育法》规定，"企业开展职业教育的情况应当纳入企业社会责任报告"。政府还要降低企业的交易费用，通过财政补贴、税收优惠对企业参与职业教育的费用给予合理代偿，丰富代偿形式，积极探索政府购买企业的培训服务、设备实施使用权等形式增加企业收入，从根本上消除企业参与职业教育集团化办学的困惑和疑虑，提升企业参与职业教育集团治理的动力。《建设产教融合型企业实施办法（试行）》中明确提出政府将"结合开展产教融合建设试点，在项目审批、购买服务、金融支持、用地政策等方面对建设培育企业给予便利的支持。"这项利好企业的政策可以极大调动企业开展校企合作的积极性和主动性，吸引更多优质企业参与集团化办学，发挥企业的主体作用、主体意识、主体责任，进一步提升集团化办学水平。嘉兴欣禾职业教育集团经过较长时间酝酿，向政府提出建议，市政府出台了《嘉兴市教育型非企业认定与管理办法（试行）》（嘉教职成〔2017〕81号）。制度明确了申报条件与认定程序，给予教育型企业以名誉和经费鼓励，建立《企业职业教育年度报告》制度和三年一轮的定期考核制度，明确企业参与职业教育的基本责任和工作职责。嘉兴市在全国率先探索"教育型企业"制度建设，为推进集团化办学提供了有益借鉴。

4. 社会及行业组织支持集团化办学，发挥其服务职能

一是加强职业教育行业指导委员会和教学指导委员会建设，更好地发挥行业组织的指导作用。二是开展行业人才需求预测，制定职业标准，出版行业发展报告，组织教育与产业对话活动和举办行业职业技能大赛等，保证职业院校能根据行业企业的需求培养适切人才。三是加强标准管理、证书管理与质量管理，做好监督评价工作，提高职业教育集团办

学质量。四是以行业为主体建立集团内专业教师和企业技术骨干双向交流机制，鼓励院校教师到企业实践，企业能工巧匠到学校担任兼职教师。五是开展集团内职业院校专业设置、课程建设、师资培养等方面的调研，协助院校科学规划职业院校的专业设置，找准定位，形成特色。

中国国际贸易促进委员会商业行业分会和江苏经贸职业技术学院牵头发起成立江苏现代服务业职业教育集团，有100多家成员单位。中国国际贸易促进委员会商业行业分会会长担任集团理事长，江苏经贸职业技术学院校长担任集团执行理事长。现代服务业职业教育集团由行业组织与职业院校共同组建，利于行业组织推动行业内企业与职业院校开展校企合作，发挥行业指导作用，创新人才培养模式，开展教育教学改革，提高人才培养质量。

构建职业教育集团多元主体利益协调机制，对于利益相关者来讲，除了加强自身建设外，还要积极向职业教育集团主动诉求其优势和需要，促使职业教育集团能够更加明晰利益相关者的合法权益。同时，也强调利益相关者要善于让渡部分权益获得发展。让渡，具有出让、让与、交付的含义，常用于权利让渡、价值让渡、利益让渡等。例如，集团内学校通过让渡部分办学权益，按照企业实际需求，让企业参与职业院校专业设置、课程建设、师资培养等，培养企业需要的人才，使得学校获得企业人财物的支持，也就是获得企业的权益，实现权益互换，学校发展壮大。而对于企业来讲，对于学校人财物的支持，也是一种权益让渡，使得企业充实人才储备。通过有效的利益协议机制，改变政府干预过多、学校适应能力不足、企业参与积极性不高、行业组织被边缘化的局面，提升职业教育集团的发展水平。

三、完善集团内部治理机制

职业教育集团化办学目标的实现离不开职业教育集团内部治理机制的完善。2009年，教育部《关于深入推进职业教育集团化办学的意见》指出，职业教育集团应建立联席会、理事会或董事会等机构，做好工作章程、管理制度、工作程序等内部工作，并设立秘书处执行机构，完善决策、执行、协商以及投入、考核、监督等日常工作机制。2014年，国务院出台了《关于加快发展现代职业教育的决定》中明确指出，构建现代职业教育体系，完善理事会、联席会等内部决策机制及治理结构，以调动职业教育多元主体组建职业教育集团。职业教育集团化办学应以育人为根本，协调、平衡多元主体利益，从健全组织机构、完善运行制度等方面出发，构建以章程为中心的职业教育集团治理体系，不断完善职业教育集团治理体制机制建设。

（一）建立决策机制

1. 建立合理的组织机构

建立合理的组织机构是职业教育集团治理的基础。组织机构的建立应遵循利益均衡、协同合作、效率优先原则。我国大多数职业教育集团为松散型社团组织,不具有法人资格,一般采用理事会进行管理。组织机构由理事会、常务理事会、秘书处组成,理事会是决策机构,集团牵头院校设立秘书处,是执行机构。理事会设理事长1名,副理事长、常务理事若干名。秘书处设秘书长1名,副秘书长、干事若干名。通常情况下,牵头院校选拔和推荐职业教育集团理事长,理事大会表决产生。为促进教育链、产业链、利益链的三链融合,组建合作委员会、专家指导委员会、办学指导委员会等职能机构,赋予相应权限,依据各自职能开展活动。理事会和秘书处的成员由政府、职业院校、行业、企业等代表构成,形成职业教育集团化办学的多元治理架构,有助于协调各方的意愿和利益。

理事会负责制定本集团章程,根据集团工作需要定期修订,选举、罢免集团领导机构成员,负责制定集团年度及中、长期工作规划、方案,审议常务理事会提出的议案等。理事会实行民主集中制,重大问题需经半数以上理事同意方为有效。原则上每年召开一次理事会来进行决策,如有比较重要的事项则召开临时会议。在集团牵头院校设立秘书处。职业教育集团成员单位多,合作项目多,工作纷繁复杂,为保证集团工作扎实有效完成,需做到:一是建立工作清单管理机制。集团董事会制订年度工作计划,秘书处细化分解工作计划,形成工作清单,给出完成节点,落实到人;建立每月定期反馈制度,结合目标任务,制定每月目标任务书,由集团监督机构对每月完成情况进行督查反馈,汇总上报集团秘书处,实现实时监控、动态掌握。二是采用组织扁平化管理方式。组织扁平化是指通过减少管理层次和增加管理幅度来破除传统的科层级管理,使组织变得灵活、敏捷、富有创造性。在职业教育集团这样复杂的组织内进行扁平化管理可以精简组织架构,减少管理层级,提高管理效率。随着职业教育集团发展,内外环境也是不断变化的,组织机构也应根据环境变化,保持一定的动态性,为职业教育集团良性治理奠定基础。

2. 建立健全职业教育集团联席会议制度

职业教育集团成员数量较大,成分复杂,集团与成员、成员与成员之间职责与权限的划分并不十分清晰,内部产权关系难以明确分割,利益关系错综复杂,难以及时理顺。为使集团事业能够顺利开展,应重视建立联席会议制度,形成多元参与、充分协商、共同决策的民主治理制度。一是联席会议制度由各个成员单位派出代表参加、定期召开。二是如果有重大事务需要做出决策,均先交由联席会议讨论并形成纪要,最后再由理事会、董事会等决策机构做出决策。三是联席会议必须尊重集团内每一个成员,集团内的任何主体都不应以任何理由弱化、侵犯其他主体的知情权、话语权、表决权,改善强势主体主动管理、弱势主体被动参与的现状。通过联席会议协商的形式,加强集团各主体、各部门之间联系与沟通,提升多元主体参与集团治理的积极性,形成集体智慧,提升集团治理能力。

陕西铁路建筑职业教育集团于2012年6月成立。集团成立了由政府、职业院校、企业、校友相关代表和高职教育专家组成的五位一体集团化办学理事会。理事会设秘书处、产学研合作工作委员会、人才培养培训工作委员会、专业建设工作委员会、人才培养质量监控委员会5个工作机构。集团高度重视发展规划、专业建设、校企合作、人才培养等事关成员学校改革和发展的重大事项，每年定期召开理事会会议、各专门委员会会议和校企合作论坛商讨相关事项。

2009年7月由广西工业职业技术学院牵头成立广西工业职业教育集团，目前拥有成员单位110个。集团构建了一个常务理事会、8个下设机构的组织构架，有效推进集团的各项重点建设工作。在常务理事会的领导下，成立了秘书处、专业群产学合作委员会、课程改革与教学资源建设委员会、实训基地建设委员会、师资队伍建设委员会、招生就业指导委员会、技术研发推广与服务委员会和职业素质教育指导委员会8个下设机构，每一个委员会都有7~9家行业企业参与，各委员会设双主任制，一位是院校教育专家，一位是企业技术专家。

3. 建立以章程为统领的集团内部制度体系

治理重在制度。什么是制度？新制度经济学代表人物道格拉斯·C.诺思认为，"制度是一系列被制定出来的规则、守法程序和行为的道德伦理规范，它旨在约束追求主体福利或效用最大化利益的个人行为"。教育治理本质上是一系列有关规范教育公共权力运行的制度。制度明确了集团各主体的权利、责任和利益分配，规定了各项工作开展的条件和流程，保证了治理活动顺利开展，保障了职业教育集团稳健运行，使职业教育集团各参与主体和部门能够各司其职，做事有章可循，避免随意化、主观化管理。职业教育集团的制度建设是推动职业教育集团治理体系和治理能力现代化的重要举措。集团章程是集团办学行为的根本依据和制度建设的核心，是集团内部制度体系顶层设计最重要的一环。集团必须高度重视章程的制定和形成完整的配套制度，建成以章程为统领的完善的制度体系，为深入推进集团各项工作提供制度保障。不论是集团章程，还是基于章程建立的各类制度，其建立都要遵循公开、公平、公正的三公原则，兼顾各方主体的合理利益诉求，厘清各方主体和相关部门的职责权限，充分凝练各成员单位的共同意愿，达成促进职业教育集团办学和发展的共识。一个好章程和一批好制度是职业教育集团治理体系建设的基本条件，是保障职业教育集团运行规范、有序并稳定发展的前提。

章程是组织经特定的程序制定的关于组织规程和办事规则的文本，是一种根本性的规章制度。集团章程是职业教育集团内部开展科学、民主、规范治理的根本依据，保障着职业教育集团规范化的运作，对集团的发展具有举足轻重的意义。集团章程制定一是要符合国家法律法规，不能违背公序良俗。明确集团运行过程中的各种制度，推动集团运行制度化、规范化。还要协调好各方主体的利益诉求。二是规范集团决策程序。提高程序意识与规则思维，最大程度尊重各方主体利益诉求，调动其积极性和主动性，以利于集团化办学优势的发挥。职业教育集团应将决策程序写入集团章程，重视权威性和可操作性，避免随意性和主观性，将决策的科学民主落到实处，推进治理过程从人治走向法治。三是建设集团经费筹集制度。持续的经费支持是职业教育集团发展的重要保障，集团的发展不能仅仅依靠国家财政经费支持，有必要建设经费筹集制度，明确各成员单位的缴费义务。四是完善集团内校企合作制度。无论在专业建设、课程开发、科技攻关方面，还是企业员工培训、教师企业锻炼等方面，必须以制度方式推动校企深度合作。五是建立集团内中高职衔接制度。在统一招生、专业互动、教师共享、学分互认等方面制定集团内中高职院校间合作制度，保障集团内中高职衔接的顺利展开。六是出台相应的考核制度。通过定性和定量相结合，保证考核的公平、公正，调动集团化办学各主体的积极性，提升集团化办学水平。七是建立集团运行保障制度。全面、细致说明集团组织机构的决策权、管理权和监督权，精心设计集团成员之间矛盾和分歧的解决程序与途径，保证集团各项事务顺利运行。

集团章程作为规范集团成员组织和行为的基本准则，集团与外界、集团成员之间责权利的约束性文件和集团开展治理活动的核心依据，在集团治理中具有重要的作用。但章程仅仅是指引集团发展的内部文件，由于职业教育集团不具有法人资格，约束力弱，要想使集团有效运行，必须建立集团化办学的国家层面和省级层面的相关制度。一是完善《职业教育法》，明确集团化办学在职业教育发展中的地位和功能，规范职业教育集团中各个主体的权利和义务。二是出台行业企业参与集团化办学享受的财政补贴、税收优惠政策。三是建立职业教育集团化办学标准和准入与退出制度。四是制定职业教育集团化办学评价体系和考核制度。根据评价标准，定期评估集团各项工作，检查各成员单位履职情况，给予表彰、奖励或警告、惩戒甚至强制退出。

"道虽迩，不行不至。"任何规章制度无论多完美都需要人来落实和执行，否则将有名无实，形同虚设。"制度只有执行起来才能起到制度的规范和引导作用，只有提升制度执行力才能使我们的治理能力有所展示。"执行力由执行意愿和执行能力构成。二者协同作用才能形成良好的执行力，缺一不可，相比较而言，执行意愿更为重要。只有执行意愿强烈，才能不断提高执行能力，保证制度顺利实施。在职业教育集团内部，首先要建立健全职业教育集团内部治理的制度体系，其次统一各成员单位的办学思想，增强参与主体的规则意识，形成强烈的执行意愿，自觉照章办事，最后培养和提高执行能力，加强流程管理。此外，针对职业教育集团在决策过程中往往较为随意、主观，各成员单位没有较强的程序意识问题，在组织设计中要重视职业教育集团决策论证程序的规范化，将决策论证程序写入集团章程，加强程序意识与规则思维，保障参与主体的话语权，推进治理过程从人治走向法治。

2009年7月9日陕西工业职业技术学院联合省内外高职院校、职教中心、装备制造业的科研院所、大中型骨干企业，牵头成立了陕西装备制造业职业教育集团。为保障集团化办学顺利实施，各成员单位就顶层设计和相关制度多次研讨协商。在此基础上，通过细化各项制度，明确集团成员单位责权利，形成成员单位进入、退出机制和激励机制，保证集团化办学工作有序开展。集团先后制定了《陕西装备制造业职业教育集团章程》《陕西装备制造业职业教育集团校企合作工作管理办法》《陕西装备制造业职业教育集团经费使用管理办法》等10多项管理制度。

(二) 建立利于职业教育集团其他治理机制

职业教育集团要实现持续优质发展，需要建立一套行之有效的治理机制，明确各方的权利、义务关系，为职业教育集团化办学内部多元治理提供机制保障。据调查，截至2014年年底，全国先后成立了各种类型职业教育集团1 048个，其中设置监督机构和服务机构的集团仅占22%和10%，配套制度完备的仅占28.83%，有内部考核、奖励等配套制度的各占26.53%、30.08%。职业教育集团要通过整合资源，形成协同发展、相互融合的利益共同体，发挥1+1>2的整合效用，提供满足企业岗位需求的优质学生，保证多元主体的利益需求，解决职业教育集团成员关系松散，凝聚力不强，集团成员间的合作、资源的共享以及活动的开展乏力等问题，除建立决策机制外，还需要加强其他治理机制——运行机制、协调机制、激励机制和监管机制的建设，促进集团治理常态化、规范化，提高职业教育集团化办学水平。

1. 建立运行机制

职业教育集团运行机制是职业教育集团治理顺利实施的重要条件。当前我国职业教育集团运行机制不够完善、不够科学，影响治理的实效。职业教育集团可以通过建立行之有效的运行机制，使得治理行为常态化、规范化，保证职业教育集团多元治理顺利实施。一是制定工作章程和建立日常工作流程，保证执行董事会决议、处理行政事务时有章可循，提高集团化办学的科学化、规范化。二是建立由政府相关部门、行业企业高级管理人员、教育专家、学校行政部门和教师等代表组成的专业建设委员会、技术研发委员会等分支机构，充分发挥多元主体参与集团化办学治理的积极性和能动性，扎实推进相关活动，保证集团决策的落地。

2. 建立协调机制

教育治理实质上是一种利益协调机制，以利益表达、协商和保障为重点，摒弃了传统的封闭、单项维度的利益表达机制，重在建设多方利益主体共同参与的利益表达平台和决策参与渠道。职业教育集团化办学要建立利益协调机制，让每一个集团成员都参与集团决策和管理过程，让每个成员都有畅所欲言的机会，广泛听取意见，及时解决成员之间的问题。通过利益协调，满足多元主体利益诉求，调动其积极性和主动性，形成发展的合力。江苏现代服务职业教育集团注重统筹协调发展，不搞一言堂，集思广益，体现民主性。集团制订年度工作计划时，高度重视成员单位的建议和提案，集团秘书处收集、整理各项建议和提案，统筹安排下年度的工作计划，并报送集团理事会会议批准通过。对未被采纳的建议，集团秘书处也需要及时答复，说明情况，力争获得全体集团成员的理解和支持。根据集团的工作计划，集团每年要举办多项活动，集团实行活动承办、项目承接竞办制。在集团理事会会议上，集团成员单位可以申请承办下一年度工作计划中的某一项活动或承接某一项目，在充分协商后与集团理事会签订合作协议，明确各方权利、义务。

3. 建立激励机制

政府加大对职业教育集团化办学的财政和资金支持。以效率和公平为原则，建立集团化办学考核评价体系，根据考评结果，企业税收、院校生均经费予以倾斜，项目申报和政府购买方面予以优先对待，同时给予企业和院校一定的社会荣誉，提升美誉度。集团内部引入竞争机制，奖励职业教育集团办学的先进单位或个人，保障职业教育集团利益相关者投入和产出的平衡，增强集团的凝聚力和吸引力。2009年9月，青岛电子学校牵头成立了青岛市电子信息职业教育集团。集团理事会制定了详细的集团成员考核方案，对集团成员单位的工作进行量化考核，根据考核结果给予专项经费奖励。电子信息业职业教育集团经费主要来源于市财政专项经费，目前已累计投入200万元用于集团发展。

4. 建立监管机制

建立健全多元治理的监管机制，对集团化办学的人才培养和办学过程实施监管，是规范和促进集团化办学治理的重要举措。职业教育集团设置监事会，通过动态、全面、定性与定量相结合的监事机制监控、督导和评估职业教育集团化办学。为保证监管的科学、客观和公正、合理，监事会成员应涵盖政府、职业院校、行业、企业、研究机构和社会组织。《国务院关于加快发展现代职业教育的决定》提出"积极支持第三方机构开展评估"。就产品属性来说，职业教育是一种信任型产品，职业教育质量的高低，产品的优劣，只有产品提供者和消费者之外的第三方进行质量评价，才能符合公众信任逻辑，避免公众信任危机。为有效引导职业教育集团发展，政府应引入第三方机构承担对集团化办学治理的监督、管理、评价、奖惩。保证监管的独立、专业，是提升集团化办学质量的有效保障。为保证评估的公正性和权威性，第三方机构应来自社会上信誉度比较高，和教育事业密切相关，但与职业教育集团没有直接利益关系的社会组织。第三方机构评估专家构成应该借鉴成功的国际经验，积极吸纳行业企业人员、职业教育人员以及教育评估专家等多样化人员参与。第三方机构的评估标准、评估内容、评估方法和评估程序应向社会公开，接受大众监督，评估结束后评估报告及结果公布在官方网站上。将考核结果作为政策支持、绩效考核、表彰鼓励的重要依据。

2009年，烟台市教育局、市经信委联合制定了《烟台市职业教育集团工作年度评价标准（试行）》（简称《评价标准》）。《评价标准》由34个评价要点、64项评价标准组成，从基础建设、管理与运行机制、服务能力和运行成效、保障措施、特色与创新等各方面进行详细具体的评价。评价结果能有效反映出职业教育集团对技术技能人才培养的数量和质量、覆盖产业链的深度、企业总量覆盖程度、就业贡献水平等。市政府成立考核小组，由市教育局、市经信委牵头，相关多个部门派员参与，依据标准对各市级职业教育集团特别是牵头院校年度工作情况进行考核。自2014年起，市财政局每年设立专项资金60万元，对本年度考核成绩前三名的市级职业教育集团给予奖励。

四、加强职业教育集团信息化建设

1956年，在美国达特茅斯学院首次举办的人工智能研讨会上，首次提出了人工智能这一概念。至今人工智能技术的发展与演进已长达半个世纪。作为全球经济发展的新引擎，人工智能已经成为全球科技竞争的新热点。21 世纪以来，伴随着各项新理论和新技术的突破，在以人工智能、大数据等为核心的现代信息技术推动下，人类社会正进入一个以数字经济、信息社会为表征的智能化时代，资源配置质量和效率，全要素生产率，生活和生产，工作和学习都受到深刻的影响和变革。哈佛大学教授嘉里·金认为，"这是一场革命……将横扫学界、商界和政界，所有领域都将被触及"。信息化浪潮引发了包括职业教育在内的社会系统及其治理的变革，精准、开放和整体性取代经验、封闭和碎片化，从新技术、新手段和新方法出发，以智能化信息技术赋能智慧治理是必然趋势。长期以来，职业教育治理过程中仍不乏靠经验做决策管理方式，这种管理方式保守、顽固、僵化，制约了治理的成效。随着数据驱动的社会治理这种新型治理模式在世界各国迅速发展，运用大数据及智能技术提升职业教育治理能力和水平已经大势所趋。信息的完备性、准确性和及时性决定着公共决策或治理过程的科学性和有效性。对于职业教育治理而言，由于参与主体众多，信息数据存在着信息黑箱、信息孤岛、信息不对称等问题，大数据智能化驱动的治理系统能够精准分析与整合职业教育领域所涉及的海量数据，及时发现和处理职业教育动态问题，打破时空局限，解决传统服务及治理模式下的信息盲区，促进职业教育服务及治理过程的开放化与透明化，增强了职业教育服务效率和治理效能。

　　运用现代化信息技术开展多元化治理是职业教育集团治理现代化的必然要求。巴纳德的社会系统理论主张信息沟通是社会系统动态维持的核心要素之一。按照其主张，信息沟通对于合作系统的存续和发展具有重要作用。目前，造成职业教育校企合作、产教融合两层皮现象的一个重要原因是校企之间的不对称信息和不畅通的信息沟通机制。截至 2017 年 12 月，我国各类职业教育集团接近 1 050 余家，累计参与的成员单位超过了 4.2 万家，平均每个职业教育集团的参与成员超过了 44 家。职业教育集团是一个网络化动态组织系统，成员单位众多，具有复杂的组织结构、多重的利益格局、广泛的专业领域，面临着一个更加不确定性和复杂多变的治理环境，信息共享机制和平台的缺失会加重成员之间沟通的成本和降低合作的效率，增加治理难度。因此加强信息化建设，建立和完善集团信息联通机制，充分利用大数据、互联网等技术优势，促进信息在各主体各部门间快速准确的传达，增强信息的公开透明度，实现多方共建共享和即时沟通，有助于打破职业教育集团信息壁垒，提高信息共享能力，降低信息传递成本，实现职业教育集团治理及服务的科学化、动态化、精细化，高效整合和配置各类资源，激活职业教育集团化办学动力，整体提升职业教育集团化办学的效益。

　　充分运用信息化技术手段来加强职业教育集团治理，推进集团治理的智能化水平建设，是职业教育集团治理的重要内容。职业教育集团应用信息技术辅助管理，搭建职业教育集团信息化平台，将集团人、财、物、事等管理工作的主要流程、关键环节纳入信息管理系统，及时公示集团内部相关办学事务与信息，破除时空限制，为职业教育集团多元主体民主共治创造更丰富的渠道和形式，实现集团工作信息化、智能化管理，推进集团治理水平与治理能力现代化。构建职业教育集团信息化的沟通机制包括以下几个方面：一是建立基本数据平台。如职业教育集团的学生信息数据库、师资数据库、办学基本条件数据库等，实现集团内部信息网络共享，并为职业教育集团化办学内部治理提供参考和决策支持。二是建立信息交流平台。如集团官方网站建设，全面链接集团内企业和院校网站，栏目内容为新闻资讯、会议活动、项目合作和政策制度等，各成员单位可以及时了解集团发展动态、项目进展，实现资源共享。三是建立人才信息互利共享平台。职业院校和企业及时更新人才培养和就业信息，便于学生调整职业目标，企业找到所需人才，搭建有效对接企业人才招聘和毕业生就业的桥梁。四是借助现代科技手段推进信息化管理。如设立专属于职业教育集团的微信公众号，推送集团动态、通知通告、理论研究、经验交流等信息，确保信息传达及时准确。职业教育集团信息交流平台由集团秘书处负责日常管理，平台信息由集团成员单位提供，集团应在实践中不断完善集团内部的信息联通机制，充分发挥大数据时代的技术优势，提高集团治理能力，助推集团健康发展。

广东轻工职业教育集团成立第三方评价专业人才培养质量委员会，采用"互联网+"模式下数据采集与分析方式，依托教师授课评价、用人单位、学生满意度调查三大信息化平台数据，跟踪不同主体评价结果，开启自我诊断+企业评价的专业评价新模式，引导专业对接企业、学生需求、反思教学活动，完善多方参与的专业质量保证机制。

五　加强职业教育集团品牌化建设

随着职业教育集团的发展，社会越来越重视职业教育集团的品牌效应，并以此作为对职业教育成果的一种评价。品牌是职业教育集团的无形资产，是职业教育集团在职业教育市场中最具竞争力的表现，也是职业院校吸引生源、形成社会地位的重要条件。实施品牌战略是职业教育集团可持续发展的必然选择，打造职业教育的精品品牌，树立品牌形象，促进职业教育集团健康、快速发展，具有非常重要的现实意义。品牌的形成是一个长期的、渐进的过程。职业教育集团品牌建设包括以下几个方面：

1. 建立职业教育集团品牌基石

在职业教育集团中，整合优势资源，实现集团内人、财、物的统一协调，全面引入质量管理思想，培养高质量、高规格的技术技能人才，得到社会高度认可，进而形成有影响力的品牌。高质量的人才培养是品牌形成的基石。

2. 加强职业教育集团品牌认同

职业教育集团应以寻求共赢为前提，通过印制办学特色宣传画册、遴选和汇编职业教育集团化办学典型经验工作简报、策划拍摄宣传片等方式开展品牌宣传、典型示范，引导各成员单位对职业教育集团品牌产生情感共鸣，激发成员组织荣誉感、认同感与归属感，形成牢固的组织承诺。

3. 建立职业教育集团品牌识别系统

职业教育集团品牌包括名称、标志、办学理念、典型案例等，集团应充分利用电视、广播、网络、纸媒和微信等多种传播媒介积极开展宣传，让公众形成对品牌的完整认识，通过建立职业教育集团品牌识别系统，有效提升职业教育集团的社会影响力和美誉度。

2014年6月10日长江职业学院牵头成立了动漫职业教育集团。集团认真贯彻《湖北省教育厅关于加快推进职业教育集团化办学的意见》精神，以提升集团的品牌形象为抓手，积极推进集团各方面建设。集团实施了"1234工程"着力提升集团品牌形象：围绕一个重点——建设湖北动漫职业教育品牌；搭建两个平台——专业发展平台和资源共享平台；实施三项改革——合作机制改革、教学组织改革和培养方式改革；开展四项工作——原创制作、信息化建设、中高职衔接和师资队伍培养。2015年6月，集团申报并获批湖北动漫职业教育品牌项目，成为湖北省十大职业教育品牌之一。

六、加强职业教育集团校企文化融合

文化是一种软实力。职业院校校园文化是职业院校办学精神的集中体现，对职业院校人才培养具有重要影响。企业文化加强了企业行为的协同性和人员的凝聚力，提高了企业竞争力。企业文化和校园文化都具有育人功能，职业教育集团治理要重视校企文化融合，充分发挥文化育人功能。职业院校校园文化是以学生为主体，以校园为主要活动空间，以育人为基本导向的组织文化。企业文化是以企业员工为主体，以企业为主要活动空间，以利益最大化为基本导向的组织文化。职业院校校园文化与企业文化由于目标不同，校园文化以立德树人为目标，而企业以追求利润最大化为目标，在价值理念、组织结构、管理方式、行为准则等方面存在明显的差异，属于不同性质的文化类别。但二者都是以人为中心的组织文化，在价值引领方面具有共同性，都有导向、规范和凝聚作用，都包括物质文化、精神文化、制度文化、行为文化等。

文化融合是校企合作、产教融合的重要组成部分，《高等职业教育创新发展行动计划（2015—2018年）》提出，要把融人文素养、职业精神、职业技能为一体的育人文化初步形成作为目标之一，要充分发挥校园文化对职业精神养成的独特作用，推进优秀产业文化进教育、企业文化进校园、职业文化进课堂。校企文化融合具有重要的意义：一是有利于学生在润物细无声的校园环境中受到企业文化的影响，逐渐熟悉和认可企业文化，实现校企无缝对接，提高毕业生竞争力。二是有利于培育学生良好的职业道德和工匠精神，增强团队意识、协作意识、竞争意识，为其职业生涯发展注入强劲的动力。三是有利于提升企业对职业院校毕业生的认同感，拓宽就业渠道。四是有利于企业节省人力资源成本，提高企业员工的整体素质。五是有利于职业院校推进教育教学改革，提升职业院校核心竞争力。六是有利于职业院校构建具有鲜明行业企业特色的校园文化，促进职业院校形成办学特色。职业教育集团校企文化融合是集团治理的重要内容，通过多途径实现文化融合，促进职业教育集团健康良性发展。

1. 多渠道推进校企文化合作

职业院校要充分认识校企文化融合的重要性，要充分认识校园文化和企业文化的内在联系和育人功能，多渠道推进职业院校与行业企业的文化合作，充分发挥企业文化的育人功能。物质文化方面，在校园基础设施建设上要体现企业的文化元素和理念，营造职业特色的校园氛围。例如太原技师学院从地面到建筑物再到空中，全方位构建起处处皆文化、物物皆教育的立体式校园文化。精神文化方面，以讲座、论坛、座谈和专题报告会形式，邀请优秀企业家、校友、劳动模范等企业人员分享企业的宗旨、服务理念、企业精神等。制度文化方面，职业院校要善于借他山之石谋发展，将企业的管理经验融入到学校的管理模式之中，重视制度建设，还可以对参与订单培养和现代学徒制的学生，作为准职工进行一定程度的企业化管理，遵循企业的管理机制，帮助学生更快地适应企业工作，真正实现零距离上岗。

2. 利用集团优势，搭建校企文化融合的平台

选择科学可行的文化融合载体。一是开展各种社会实践活动。例如组织学生到企业、工业园区参观，指导学生开展企业文化调研；邀请企业联合举办校园文化节、运动会等喜闻乐见的文体活动，组织企业冠名大赛，建立企业奖学金等，渗透、融入企业文化与职业精神，提升学生的综合素质和职业素养。二是通过集团网站、微信公众号、微博等优质网络平台推送和宣传优秀企业家、优秀毕业生的先进事迹以及先进的企业经营理念和优良的企业文化等。

3. 做好校园文化和企业文化融合育人的顶层设计

校企文化融合的关键在于将企业文化融入教育教学全过程，融入职业教育集团的人才培养链，按照人才培养过程分阶段落实文化育人目标。通过校企双方一起制定人才培养目标与计划，共同开发课程、教材，把企业文化直接引入课堂；教师是文化融合的实施者，建立教师与企业技术骨干双向流动的机制，教师定期到企业挂职锻炼，企业能工巧匠到院校做兼职教师；实训室及实训基地是实现校企文化融合的一个重要场所，校企双方共建实训、实习基地，打造真实的企业工作环境，提高学生的技术技能水平和培育良好的职业道德；整合校企双方的优势资源，协同创新，共克技术难关，提高教师科研能力和企业核心竞争力。

此外，企业也应积极参与到学校文化建设中，通过文化融合，提升学生对企业的认同感和归属感，培养良好的职业道德和工匠精神，为企业储备优秀的后备力量，促进企业的发展。

第九章
职业教育集团治理实践创新经典案例

第一节 非法人与法人职业教育集团实践创新经典案例

随着我国职业教育集团化办学迅速展开，各级各类职业教育集团不断创新治理体制机制建设，无论是非法人职业教育集团还是法人职业教育集团，都能根据集团自身发展情况，结合当地经济社会发展水平，在校企合作治理机制、混合所有制治理机制、现代学徒制治理机制、中高等职业教育衔接治理机制、创新创业治理机制等方面，创造性地开展各项工作，进一步推进集团健康有序发展。

目前，绝大多数职业教育集团属于契约型组织，以合同、协议、集团章程等契约形式为纽带进行联结的，集团成员间没有形成真正的利益联合体，集团运行随意性大，运作效率低，是一个松散的联合体。职业教育集团要改变集而不团的现象，产权改革是其突破口，职业教育集团拥有独立的法人资格，可以高效整合职业教育资源，有效转变目前职业教育集团的粗放运行模式，实现利益链、教育链与产业链的深度融合。

一、非法人职业教育集团

1. 单主体非法人职业教育集团

2011年黑龙江农垦职业学院牵头成立了省内最大的职业教育集团——黑龙江农垦职业教育集团。集团首届理事大会，一是制定并通过了集团章程。二是选举产生了集团理事长、副理事长和常务理事，设立了集团秘书处，搭建起理事会组织机构，明确各机构职责与运行办法。三是理事会各成员单位按照理事会章程签订合作协议，明确责权利。2011年以来集团先后成立了校企合作委员会、专业建设指导委员会、教学指导委员会、创新创业教育指导委员会等集团业务机构，有效开展了各项业务工作。集团采集了集团成员单位主要信息，建立了网站，加强了信息共享与沟通。为了加强规范化管理，集团先后制定了《职业教育集团议事规则》《校企合作委员会工作条例》《校企合作共建实训基地管理办法》《校企人员交叉任职管理办法》等制度。

2. 双主体非法人职业教育集团

2009年6月，成都职业技术学院与成都文化旅游发展集团公司共同牵头组建成都旅游职业教育集团。集团以成都市市属高等职业院校—成职院和市属唯一旅游国企—成都文旅为龙头单位，通过集团章程明确了校企双主体的集团管理体制。校企双主体每年定期召开深度研讨会，校企双方共同向教育局进行工作汇报，实现校企合作规范化、常态化，形成职业教育集团良好的沟通协调机制和四方联动机制，最大化地整合集团成员资源，构建旅游产业链、教育链和利益链三链合一的集团化办学管理体制创新，实现政行企校资源的共建共享，持续推进产教融合、校企合作，促进职业教育协调均衡发展。集团制定了《成都旅游职业教育集团理事会会员选任制度》《成都旅游职业教育集团理事会议事制度》等。

3. 双理事长非法人职业教育集团

江苏现代服务业职业教育集团设理事长1名，执行理事长1名，副理事长若干名，秘书长1名，副秘书长若干名，由成员单位内行业组织、企业领导或有一定社会影响力的个人担任。集团特设轮值理事长单位，轮值理事长单位由承办当年集团理事会会议的单位担任。在集团理事会会议上，通过推选和协商，确定了下一年度集团理事会会议的承办单位。该承办单位即为该年度的轮值理事长单位，任期一年，不得连任。轮值理事长单位全面负责集团当年年度工作计划的执行，集团理事长、执行理事长及秘书处全力支持和协助，共同推动集团各项工作顺利开展。

二、法人职业教育集团

1. 单法人职业教育集团

2011年1月，江西职业技术学院牵头组建了江西现代职业教育集团。职业教育集团集而不团现象较为普遍，制约了职业教育集团的顺利发展。为了完善职业教育集团体制机制建设，避免集而不团的松散状态，2013年8月，集团经过多次向教育部、民政部咨询和请示，历时半年筹备，在江西省民政厅完成了民办非企业的登记注册，解决了职业教育集团法人地位。在江西省民政厅和江西省教育厅的监管管理下，集团设有理事会、常务理事会、理事长办公会和监事会，理事会下设办公室（秘书处）和7个工作部。集团制定了集团章程、多项章制度，并对各工作部进行年初签订责任状，年终进行目标考核，形成了职责明确、独立运作、自我约束与管理的治理结构与运行机制。

在福建省教育厅和泉州市政府相关职能部门的指导和协调下，2017年4月由黎明职业大学牵头，联合7家行业协会（学会）、企业、职业院校，将资本、土地、房舍、设备、技术等使用权以租赁、托管、转让、整合的方式注册成立了泉州市建筑职业教育有限公司。以泉州市建筑职业教育有限公司为基础，组建了泉州建筑职业教育集团，实施董事会+理事会的实体+职业教育集团运行模式，建立了以政府为主管、建筑职业院校为主导、建筑企业为主体的三方联动机制。公司是集团运行的决策核心层，实行董事会管理体制；非股东的建筑企业、职业院校、政府部门组成的紧密层会员单位，实行理事会管理体制，形成了董事会搭台、理事会唱戏的一元决策、多元协同的创新型管理体制。

2. 双法人职业教育集团

2012年年初，青岛西海岸职业教育集团由青岛西海岸新区管委会组建，采取理事会领导的紧密型双法人制运作模式，是全国首批国有企业实体化运作的职业教育集团。集团双法人由事业法人和企业法人构成。事业法人由4所国办中高职院校组成，分别是青岛职业技术学院、黄岛区职业教育中心、黄岛区高职院校、开发区职业中专。企业法人即青岛西海岸职业教育集团有限公司，是青岛西海岸新区政府直属的国有独资公司，注册资本2.3亿元，是青岛西海岸职业教育集团的运作实体。在职业教育集团实体化运作模式中，事业法人依托企业法人吸引优质社会资源参与校企合作，加强科技研发、专业建设、成果转化，不断提升自身办学条件。企业法人将事业法人的实训设备、餐厅、运动场馆等可经营性资产、科技成果、课程体系等资源进行市场化运作，全面提升教育资源利用效率，获得经济效益后反哺事业法人。

第二节　职业教育集团治理实践创新经典案例

一、校企合作体制机制实践创新经典案例

职业教育集团化办学的主要目的之一是通过校企合作实现教育资源共享，实现校企零距离对接，培养符合企业需求的技术技能人才。职业教育集团以学校与企业间多维合作关系代替学校与企业间单线合作，促进了教育链与产业链双链融合。2015年教育部颁布了《关于深入推进职业教育集团化办学的实施意见》，明确指出了要进一步强化产学研融合、校企合作，推动各方主体建设以利益链为纽带的，融合教学、生产、研发的职业教育实体与平台。优化集团校企合作治理机制，需要兼顾各方利益，在不同主体之间构建一个合作共赢的伙伴关系。

2015年9月，大连市交通口岸职业技术学校牵头成立了大连市交通职业教育集团。为推进校企深度合作，集团组建了校企合作工作领导小组，下设专业指导委员会、专业建设合作委员会。领导小组通过召开会议，制定规章制度，建立和完善治理结构和决策机制，提升内部聚集能力，促进深度合作和协同发展的目的。一是校企合作工作领导小组每年至少召开一次工作会议，研究确定年度工作目标和工作任务。二是专业指导委员会不定期召开联席会议，确保校企合作可持续发展。三是制定《教师企业实践管理办法》《学徒制试点班学生管理办法》《企业员工提升再教育实施方案》等管理办法，并在具体实施过程中细化。

安徽国际商务职业学院依托合肥滨湖投资控股集团有限公司成立了安徽国际商务职业教育集团。合肥滨湖投资控股集团有限公司（简称滨湖集团）是一家综合性国有独资集团公司，为安徽国际商务职业教育集团副理事长单位。在《安徽国际商务职业教育集团章程》和《安徽国际商务职业学院校企合作管理办法》具体指导下，集团成立了校企合作

工作委员会和创新创业就业工作制度委员会，由安徽商务职业学院提高场地、校舍、办学设备、师资力量、人才资源等要素，滨湖集团提供政府资源、项目资金、运营等方面资源要素，以混合所有制模式共同组建股份制有限公司，创新校企共生发展的体制机制。

二、职业教育集团混合所有制治理机制实践创新经典案例

2015年教育部行动计划提出开展多元投入主体依法共建职业教育集团的改革试点，通过人员互聘、平台共享，探索建立基于产权制度和利益共享机制的集团治理结构与运行机制。职业教育集团混合所有制办学强调的是办学资本的性质不同且存在不同性质资本的融合和产权安排。治理体制机制建设是职业教育集团混合所有制办学需要解决的核心问题之一。

福建九点职业教育集团是以混合所有制二级学院上塘珠宝玉石学院办学为基础、多元投资主体的职业教育联合体与利益共同体。随着莆田珠宝玉石产业的蓬勃发展，珠宝相关人才需求旺盛，调动了行业企业办学的积极性和主动性。2015年11月，福建九点职业教育集团成立，集团由来自行业、企业、职业院校的7家单位自愿组成，明确各方股权比例及出资范围，健全运行机制、管理机制，实行理事会管理。集团制定了人才共育、资源共建、责任共担、利益共享的工作机制，校行企成为紧密型的办学共同体。集团以资本为纽带，以现代学徒制、双元制人才培养模式改革项目为重点，依托校企共建实训基地、人才交流平台，推进办学模式、培养模式、教学模式、评价模式改革，深化政校行企协同育人，实现资源共享和优势互补，培养珠宝玉石高素质技术技能人才。2016年，集团被福建省教育厅立项为多元投资主体职业教育集团培育项目。

三、职业教育集团现代学徒制治理机制实践创新经典案例

发展现代学徒制是我国当前基于职业教育的重大使命而实施的一种主动发展战略，同时也昭示着我国职业教育人才培养模式的重大转向。《国务院关于加快发展现代职业教育的决定》指出，要开展现代学徒制试点，推进校企一体化育人，促进职业教育人才培养模式创新。职业教育集团为现代学徒制的实施提供了适宜的平台，通过成立相关管理机构、制定相关制度等治理措施，促进集团内校企多维对接，保障现代学徒制试点顺利实施。

集团内四所职业院校被教育部确定为国家现代学徒制首批试点单位，是辽宁装备职业教育集团的一大建设亮点。装备制造集团通过设立机构、制定规章制度等积极推动现代学徒制试点工作建设和发展。一是成立项目管理机构。校企双方共同组建项目管理机构，负责现代学徒制试点工作相关制度的制定、工作的组织、资金的落实和互聘教师的资格审查等，从人、财、物方面保证现代学徒制的顺利开展。二是制定规章制度。集团现代学徒制试点院校、合作企业共同制定《现代学徒制培养教学实施管理办法》《现代学徒制培养学生考核评价办法》等制度，保障集团特色现代学徒制人才培养模式实施成效。三是建立以胜任岗位工作能力为核心的考评体系。与传统考核方式不同，现代学徒制考评体系建立院

校和企业两级考核模式，重在职业素质考核，并积极引入第三方评价。

四、职业教育集团中高职衔接治理机制实践创新经典案例

中等职业教育和高等职业教育同属职业教育，共同实现培养技术技能人才目标。根据国家人才发展战略要求，到2020年形成中等职业教育和高等职业教育协同发展的现代职业教育体系。实现中高职衔接是职业教育集团的重要内容之一，职业教育集团打破了中高职校际之间的壁垒，有助于技术技能人才类型和层次结构科学化，建立中高职衔接治理机制是保障集团中高职衔接的重要举措。

成都旅游职业教育集团依托中高职衔接行业指导委员会，成立中高职衔接工作组，通过开展三统、三带工作，创新专业领办运行机制，完善旅游职业教育集团中高职衔接治理机制。三统是指标准统一、机制统一、评价统一。建设期内工作组以酒店管理专业为抓手，从标准、机制、评价三个方面实现三统一。一是在集团内形成示范性的中高职衔接人才培养质量标准、核心课程标准。二是构建中高职衔接课程体系建设运行机制、中高职衔接教材体系。三是整合集团校企资源，依托集团行业职业指导委员会专家优势，实施第三方评价机制，实现对中高职衔接高职阶段的人才培养质量全方位、全过程评价体系。三带是指管理带、师资带、实训带。旅游职业教育集团任命成员校专业带头人担任职业高级中学副校长，以丰富的专业知识和经验带动职业中高酒店旅游管理类专业发展；深入推进双进双站工程，通过实施专兼职教师双进教学能力培训、能力提升项目，建立教师企业锻炼流动站和行业企业兼职教师调配服务站，搭建了教师培养培训、教学科研等平台；引进成都汉韵投资管理有限公司，建设校内营业性实习酒店，在集团成员学校建成集团共享型实训基地3个，在成都文旅等契约建成校外实训基地10个。

五、职业教育集团专业教师实践能力提升经典案例

职业院校双师型教师存在着实践教学能力不够强、教师联系对口实践企业难等一系列问题，导致双师型教师队伍难以满足职业教育快速发展的要求，在人才培养质量、企业科研服务、企业员工培训等方面心有余而力不足。校企合作不足制约了教师队伍的提升，同时由于未能为企业带来切实的经济效益，阻碍了校企深度融合。因此国家出台了一系列文件和提出了具体要求，如《职业学校教师企业实践规定》中提出，"教师每年至少1个月在企业或实训基地实训，落实教师5年一周期的全员轮训制度"，《国家职业教育改革实施方案》提出，"双师型教师占专业课教师总数超过一半"，等等，推进职业院校双师型教师队伍的建设。

合肥市成立了现代职业教育集团，首批成员单位包括31个市直部门，12家高职和中职院校，18家企业，8个行业指导委员会，2019年进行了扩容，院校达到30所，企业达到58家。为了提升专业教师实践能力，现代职业教育集团采取了一系列落地措施。一是出台相关文件，保驾护航。结合合肥市出台的《关于加快发展现代职业教育的实施意见》，

现代职业教育集团先后出台了《推进产教融合校企合作实施办法》等系列文件，为教师到企业开展实践活动提供制度保障。二是专人专职保证下企业活动顺利进行。为了保证专业教师企业实践活动的顺利进行，集团相关部门为教师下企业各专业组配备了行政助理，随同进入企业，解决各种问题。三是地方政府相关部门做好监督管理。政府相关部门配备专人从事校企合作工作监督管理，通过定期走访校企，检查指导实践活动，建设考评专家库等，保障校企工作的顺利展开，提高校企工作质量。2015年以来，合肥市已连续举办了五届专业教师暑期到企业实践活动，50余家企业积极参与，来自合肥市高职、中职院校的专业课教师1 000多人次到企业进行了实践锻炼。专业教师实践能力得到了有效提升，2018年安徽省中等职业教育教学成果奖评审中，合肥市项目荣获2个特等奖（全省共3个）、5个一等奖（全省共30个），其中，获得安徽省教学成果特等奖、国家级教学成果二等奖的《政府主导校企深度融入区域性现代职业教育集团创新实践》项目，项目组的主要成员都参与过专业课教师到企业实践及相关工作，包括政府部门、高等学校、高职院校、中职院校以及行业企业人员。

六、职业教育集团双创治理机制实践创新经典案例

创新创业教育成为世界性热潮，双创在我国也已成为最热词汇之一。我国出台了一系列政策文件推进创新创业教育发展。2015年5月4日，《国务院办公厅关于深化高等学校创新创业教育改革的实施意见》指出，创新创业教育是"国家实施创新驱动发展战略、促进经济提质增效升级的迫切需要"。《高等职业教育创新发展行动计划（2015—2018年）》全文共52次提及创新一词，并对全方位开展创新创业教育工作提出要求。

2015年12月23日酒泉职业技术学院牵头成立了甘肃省新能源职业教育集团。新能源职业教育集团高度重视双创教育，采取多种措施，指导和推动成员院校积极开展双创教育活动。集团通过成立指导创新创业教育的专门机构——双创教育中心，开展双创教育导师培训，营造创新创业人才培养的文化氛围，引入创业项目、筹措创业资金等，形成了以金风学院等为代表的校企深度融合的创新创业人才培养模式，较好地引领和带动了职业教育集团的创新创业人才培养模式，推动了人才共育、专业共建、过程共管、文化共融、师资共享、责任共担的紧密型集团运作新模式的发展。

我国职业教育集团不断创新治理体制机制建设，通过合理的治理结构、健全的管理制度、良好的运行机制不断深化产教融合，推进教育链、人才链和产业链、创新链有机衔接。在职业教育集团治理体制机制推动下，职业教育集团在人才培养、现代学徒制、混合所有制、中高职衔接、专业教师实践能力提升、创新创业等方面颇有建树，提高了人才培养质量，扩大了就业创业，推进了经济社会的进一步发展。

产业学院
治理篇

第十章
职业教育产业学院治理结构

第一节 产业学院治理概述

一、产业学院背景

深化产教融合、校企合作是党的十九大对职业教育发展做出的战略部署。产教融合、校企合作作为职业教育发展的关键和生命线,长期存在着两层皮现象,企业热情低,院校一头热,校企合作、产教融合不充分、不紧密,阻碍了职业教育的发展和人才培养质量的提高。近年来,国家加强校企合作体制机制创新,推出了一系列旨在深化产教融合、校企合作的战略性举措,促进产教深度融合,出现了现代学徒制、产业学院等多种校企合作新模式。产业学院是产教融合试点工作中的具体核心枢纽和实现形式,呈现深层次、立体化、全方位特点。产业学院作为一种新型校企合作模式,学院实体化运营,企业深度参与人才的培养,形成了校企命运共同体,破解了企业积极性不高、合作不稳定、产教分离等深层次问题,激发了产业学院的办学活力,在实践中产生了良好的经济效应和社会效应。在政府大力倡导下,我国产业学院的发展方兴未艾,仅2019年一年,在446家企业鼎力支持下,共计1 005所高校设立项目14 947项,软硬件投入近50亿元,其中直接经费投入约3.58亿元,产业学院成为培养高技术技能人才的新载体和新抓手,是中国特色职业教育办学模式之一。

产业学院是伴随着产业链的发展而出现的。所谓产业链,是指以一个主导产业或支柱产业为核心,以商品或服务创造为对象,以价值增值为导向,涵盖产品或服务生产的全过程,按照一定的产业组织和空间联系链接而成的经济组织系统。产业链由原材料生产、产品设计、中间品制造、终端产品以及流通、消费等诸多环节链接而成。亚当·斯密的产业分工和马歇尔的企业协作是产业链理论的两个源头。亚当·斯密在《国富论》中阐述了分工的重要性,"劳动生产力上最大的改良,以及在任何处指导劳动或应用劳动时所用的熟练技巧和判断力的大部分,都是分工的结果"。亚当·斯密认为,无论是技术进步、节约时间,还是劳动熟练程度的提高,都离不开分工。亚当·斯密的分工理论隐含着产业链发展的内在逻辑。现代产业链理论的真正来源起始于新古典经济学派代表人物马歇尔,他把分工由企业内部扩展到企业之间，并着重强调了企业间分工的重要性。可以说，高效率和低成本的追求一直推动着产业链的更新迭代，进而推动着世界经济的进步。

产业链的发展促进了我国经济的快速发展。改革开放以来，尤其是我国产业链参与国际分工后，我国经济更是取得了世界瞩目的成就。提升产业链供应链现代化水平，是我国"十四五"时期的重大任务。人才链与产业链存在着高度的耦合，产业链的发展离不开人才链的支持，产业链的结构优化和转型升级对人才链也提出了要求，进而引发了教育组织形态（人才培养模式）的变革。过去，专业与岗位相对应，围绕某个固定岗位设置专业、安排课程、培养人才，已不能满足立体式产业链对复合型技术技能人才的需求，产业学院应运而生。例如，深圳职业技术学院围绕产业链、创新链的核心需求和关键技术，每个专业群联合一家世界 500 强企业或行业龙头企业、领军企业，共建一所特色产业学院（基于特色产业学院的校企双元育人模式探索）。产业学院通过建立与区域产业链发展要求相一致的专业群体系，形成了符合产业链人才需求的整体人才培养方式，实现了产业链人才链的深度融合，为产业链的发展提供了有力的人才支撑。

二、产业学院政策

混合所有制作为经济领域概念在中共十五大首次提出并使用。2013 年《中共中央关于全面深化改革若干重大问题的决定》，提出"国有资本、集体资本、非公有资本等交叉持股、相互融合的混合所有制经济，是基本经济制度的重要实现形式"。混合所有制概念得以进一步完善和发展。2014 年，国务院印发的《关于加快发展现代职业教育的决定》（简称《决定》）要求探索发展股份制、混合所有制职业院校，职业教育领域首次引入混合所有制。《决定》指出要允许以资本、知识、技术、管理等要素参与办学并享有相应权利。但由于难以界定组织属性，推行困难较大。于是《高等职业教育创新发展行动计划（2015—2018 年）》提出，"鼓励企业和公办高职院校合作举办适用公办学校政策、具有混合所有制特征的二级学院"，此类二级学院具有操作性强、风险性小的优点，易于推广。2017 年国务院办公厅颁布的《关于深化产教融合的若干意见》文件中首次提出产业学院的概念，"鼓励企业依托或联合职业学校、高等学校设立产业学院"。产业学院正式写入国家文件，上升为深化产教融合的国家策略。2020 年，教育部、工信部出台了《现代产业学院建设指南（试行）》（简称《指南》），该《指南》是针对现代产业学院建设的第一部专项指导文件，从指导思想到建设目标、原则、任务和立项五个方面对产业学院的发展给出了详细指导意见。2021 年 10 月，中共中央办公厅、国务院办公厅出台的《关于推动现代职业教育高质量发展的意见》鼓励职业院校走出校园，进驻企业和产业园区建设产业学院，为现代产业学院发展给予了新的指向。从上述产业学院政策演变轨迹来看，国家高度重视产教融合、校企合作，不断创新校企合作新模式，促进校企双元育人，推动学校和企业形成命运共同体。

三、产业学院源头

1996 年英国公共政策研究所在《产业大学：创建全国学习网》首次提出了"产业大学"概念。为了建设终身学习型社会，促进广大民众为提高自身职业技能水平和核心竞争力而继续学习，1998 年英国教育与就业部拟定了《英国的产业大学——使人人都参与终身学习》，自此英国政府在全国推广产业大学。产业大学是由公共部门和私人部门共同创造的，通过现代化的网络和通信技术，向社会提供高质量的学习产品及服务的开放式远程学习组织，是学习者和学习产品之间的中介机构。产业大学类似于网络学习平台，借助网络和通信技术，提供教育服务。由于英国的产业大学是公私合营，与我国的混合所有制产业学院有相似之处，因此很多人误认为产业大学是产业学院的起源。英国的产业大学无论是创立宗旨还是学习组织形式与我国产业学院有很大的不同。我国产业学院的发展是为了推进产教深度融合，提升人才培养质量，为经济和社会发展提供强有力的人力和智力支撑。产业学院的办学模式是通过专业链（群）对接区域产业链（群），形成满足区域产业链发展需要的人才链。中国最早的产业学院是于 2007 年 2 月由浙江经济职业技术学院与浙江物产集团物流投资有限公司合作创办的物流产业学院，是一所校内二级学院。2009 年中山职业技术学院与地方产业园联合共建的专业镇产业学院——古镇灯饰学院、沙溪纺织服装学院、小榄工商学院和南区电梯学院最具特色，影响广泛，经常被误认为是我国产业学院的肇始。

四、产业学院内涵

当前，我国学术界对产业学院的概念和内涵尚未形成统一的看法，往往基于各自的研究视角，给予内涵界定。蔡军认为产业学院是由地方人民政府、行业企业、职业院校（或应用型高校）等主体联合成立的资源共享、产教融合的新型育人共同体。朱跃东认为产业学院是实行市场化独立运作的高职二级学院，由不同所有制属性资本混合注入，具有混合所有制属性。虽然对产业学院的内涵有不尽相同的理解和解释，但在以下几个方面初步达成了共识：一是产业学院不同于公办职业院校二级学院。首先，产权结构不同。产业学院办学资本由公有资本和非公有资本混合而成，而公办职业院校二级学院办学资本为国有资本，资本构成单一。其次，治理主体不同。产业学院治理主体由职业院校与地方人民政府、行业企业等多元主体组成。而公办职业院校二级学院的治理主体为职业院校，主体单一。最后，运行机制不同。产业学院是市场化独立运作的实体组织。而公办职业院校二级学院不具备实体化运作能力，附属于职业院校。二是多元主体合作方式。《指南》指出，决定在特色鲜明、与产业紧密联系的高校建设若干与地方人民政府、行业企业等多主体共建共管共享的现代产业学院。共建共管共享是产业学院的突出特点。产业学院通过校企双方共同运营，市场化独立运作，实现校企实质性融合。三是组织方式不同。面向区域产业链发展，产业学院以专业集群新型教育教学组织模式在学历教育、技术研发、技能培训、生产服务等多个方面开展合作。基于以往学术界对产业学院内涵的界定，笔者认为产业学院是职业院校联合地方人民政府、行业企业，以培养复合型技术技能人才为目标，以资产联结或契约合同为纽带，共建共管共享的实体组织。

五、产业学院特点

（一）产权结构多元化

现代产业学院是包括地方人民政府、职业院校、行业企业多方主体共同协商建立的利益共同体。产业学院的建设需要各利益相关主体的共同投入。产业学院的办学资本由具有不同属性的资本构成，包括国有资本、集体资本等公有制资本和个体、民营等非公有制资本等。《辽宁省教育厅等13部门关于推进职业院校混合所有制办学的指导意见》中关于资源投入指出，公办职业院校可通过校舍场地等办学空间，利用实训设施、非财政资金、师资、校名校誉、知识产权等资源依法开展各种资源的办学。鼓励支持实体企业，特别是国有企业、产教融合型企业等以资金、先进的生产服务设施及场所、技术体系、经营体系、能工巧匠以及其他产业资源参与合作办学。人、财、物是产业学院建设的三大资源，人力投入方面以学校为主，企业技术骨干、管理人员等适当参与；财力方面以学校和企业为主，学校占比较大；地方人民政府以财政补贴、税收优惠或政策性倾斜等方式给予支持；物力方面，以地方政府和学校为主，企业为辅。

（二）治理主体多元化

国家第一个产业学院专门指导文件《指南》提出，决定在特色鲜明、与产业紧密联系的高校建设若干与地方人民政府、行业企业等多主体共建共管共享的现代产业学院。产业学院的治理主体由地方人民政府、职业院校和行业企业等构成，呈现治理主体多元化特点。

（三）合作内容多样化

产业学院建设的核心是学校与企业协同育人，培养高素质复合型技术技能人才。除此之外，通过资源共享，还能开展科研协作、职业培训、产品开发等多种合作。通过多种合作，既增强了产业学院人才培养的质量，又提高了合作企业的核心竞争力和美誉度。

六、产业学院办学模式

根据产业学院举办单位组成情况，大体可以分为校—企、政—校—企—行和校—企—行三种办学模式。

（一）校—企共建模式。校—企共建模式是指由职业院校和企业为举办单位，职业院校投入教师、场地等要素，企业投入资金和设备、技术骨干等要素，共建共享，实现双赢。校—企共建模式有学校主导和企业主导两种方式。这两种模式是产业学院合作的最基本形式，其他合作模式是其发展、延伸和变式。

（二）政—校—企—行共建模式。政—校—企—行共建模式是指政、校、行、企多个治理主体充分发挥各自优势，共建产业学院，通过资源共享和优势互补，提高人才培养质量，实现多方共赢。该模式以其主体多、资源广、影响力强成为目前我国产业学实践较多的类型。

（三）校—企—行共建模式。校—企—行共建模式是指由职业学院、企业和行业协会共同举办产业学院。行业协会为政府企业合作牵线搭桥，是推动产业学院发展的重要力量之一。

七、产业学院作用

在古代社会，口耳相授、言传身教是手工艺知识和技艺传授的最主要方式，它往往存在于家庭内部，由长辈对晚辈进行传授。随着社会经济的发展，家庭内部的传授已经不能满足生产发展要求，学徒教育的产生满足了大的家庭作坊和手工工厂需要。工业革命以后，机器化大生产的蓬勃发展，技术工人的需求井喷，家庭式的职业教育因其人才培养规模局限已不能适应社会发展，工人讲习所应运而生。后来，职业院校取代了工人讲习所。职业院校采用班级授课制，知识传授效率和范围都得到了提高和扩大，引发了知识传输的革命，极大地推动了生产力的提高。但职业院校的知识传授以显性知识和理论知识传授为主，具有局限性，而工作场所所需要的具有情境性、个人性和具身性的隐性知识和默会知识，这些知识难以言述和表达，多存在于具体的生产生活情境中。这类知识的获取仅仅凭学校是无法做到的。随着社会经济的发展，职业教育的发展出现滞后，已不能满足社会发展的需求，表现在职业教育与产业发展协同性差，人才培养和行业企业人才需求出现了脱节现象，出现结构性失业。产教融合、校企合作是解决职业教育人才培养未能适销对路的良药，也是我国职业教育发展的关键所在。国家进行了一系列校企合作制度创新，探索实施了订单培养、工学交替、职业教育集团化办学、现代学徒制以及产教融合型企业等多种举措。但产教融合、校企合作一直存在着校热企冷两层皮现象，制约了我国职业教育发展。

近年来，国家不断鼓励区域经济联合发展，形成了特色鲜明的产业集聚都市圈（带），在形态上呈现出链式发展新格局。职业教育与产业发展的高度对接是保障产业转型升级、产品迭代加速的重要因素，特别是随着产业从劳动密集、技术密集发展到知识密集，对人才培养提出了更高要求，人才链如何对接产业链的发展，职业教育如何破题，成为关键。混合所有制概念从党的十五大后开始进入大众视野。党的十八届三中全会提出发展混合所有制经济。而2014年出台的《国务院关于加快发展现代职业教育的决定》则将经济领域的混合所有制概念引入职业教育领域，开始了职业院校混合所有制改革。以资本的混合为特征的产业学院为促进校企合作、产教融合提供了新思路，成为高职混合所有制改革的重点领域，产业学院的发展也进入自觉探索阶段。《高等职业教育创新发展行动计划

(2015—2018年)》将具有混合所有制特征的二级学院作为高职混合所有制改革的突破口后，因其可操作性强、试错成本低，产业学院办学被认为是公办高职混合所有制改革的稳妥方案。与传统的校企合作关系相比，产业学院中企业的角色变被动为主动，通过注入资金、派驻人员、介入管理等要素入股，直接参与人才培养过程，拥有了一定的治理话语权。企业在职业教育中的身份有了质的变化，成为育人共同体的创办者、人才培养体系的建设者、生产性知识与技术的贡献者、技术交换的享有者，真正成为校企合作的重要主体。产业学院以资产为纽带开展校企合作，由于均有资源投入，主体之间更加注重绩效和产出，有利于发挥教育资源的最大功效，促进教育链、人才链与产业链、创新链有机衔接，提升学生的职业胜任力和持续发展能力。产业学院创新了多元主体协同机制，使得职业教育的市场化办学落地，极大拓展了合作的广度和深度，成为产教融合、校企合作的新载体和新抓手。

第二节 产业学院治理困境与对策

一、产业学院治理困境

产业学院是在探索我国产教融合、校企合作方面取得的突破性成果，是教育领域和经济领域的跨界融合，是职业教育混合所有制改革的一种新尝试，是一种新的组织形态。产业学院在人才培养、办学效益和企业转型升级方面成效显著。但作为新兴事物，产业学院的基础还比较薄弱，由于政策和法律制度不完善，治理体系和运行机制不健全等问题，造成实质性合作不足、合作深度不够，阻碍了产业学院的进一步发展。

（一）产业学院不具有独立法人地位

是否具有独立法人地位是产业学院发展的关键问题。按照《民法典》及相关法律规定，产业学院缺乏明确的法律地位，法人性质模糊。大部分产业学院不具有独立法人资格，属于非法人组织，不具有独立承担民事责任的能力，而是由其出资人或者设立人承担无限责任。由于独立法人地位的缺失，产业学院办学独立性受到严重影响，给产业学院的办学发展带来巨大的不确定性，使得产业学院发展陷入困境。困境一：产业学院作为市场化办学主体，具有办学独立性是首要前提，产业学院不具备法人地位，办学独立性无法保证，产业学院独立意志更无从谈起，无法按照教育规律和市场规则灵活决策和管理，无法保证产业学院的有序高效发展，使得产教融合和校企合作不能真正落地。困境二：职业院校是独立法人，处于强势主导地位，二级学院处于弱势被支配地位。二级学院不能以自己的名义开展活动，其资源配置、人员管理、专业设置、课程安排等都要听命于学校安排。产业学院不同于二级学院，其产权机构复杂、治理主体多元，企业是重要的主体。但由于产业学院不具有独立法人地位，因此只能遵循最相似的原则，在实践中按照二级学院来运作,这无疑会使产业学院陷入水土不服的困境。困境三:产业学院包含了产权、交易、成本和资源等市场要素,由于产业学院不具有独立法人地位,这些市场要素无法明确界定,因此企业的投入和产出无法得到保证,这直接影响到各主体参与举办产业学院的积极性。

(二) 公益性与营利性价值取向上冲突

产业学院是一种以混合所有制为特征的新型办学模式。它以资本的混合、产权的多元,实现了产教融合、校企合作实质性的突破,形成了你中有我、我中有你的局面,避免了校企合作两层皮现象。但产业学院作为一个以资本为纽带的利益共同体,天然就蕴含着多元主体在价值取向上的巨大冲突。追逐利润、重视资本投入的营利是企业的本质属性,具有营利性价值取向,而通过人才培养为社会带来社会公共利益是职业院校的本质属性,具有公益性价值取向。在产业学院的发展中,企业营利性和院校公益性两种不同价值取向的矛盾,使得产业学院在治理模式和产权制度上发生冲突,已成为制约产业学院发展的合作困境。在治理模式上,职业院校强调社会责任,侧重行政主导,企业强调市场化运作,侧重市场主导。在产权制度上,校企双方都希望产权明晰,但企业侧重保值增值,职业院校侧重保护国有资产,避免流失。产业学院多种属性资本的介入,必然面临产权关系、营利比例、损耗估算以及收益分配等重要问题。办学主体公益性与营利性价值取向的矛盾导致产业学院在设计治理模式和确立产权制度方面阻力重重,如果不能顺利解决,会严重影响产业学院的发展。

(三) 多元主体利益诉求不同

从利益相关者角度看,产业学院是一个由地方人民政府、职业院校和行业企业不同利益主体共同构成的利益共同体。按照新制度经济主义主张,行动者都是有利益偏好的理性经济人。在办学实践中,地方人民政府、职业院校和行业企业作为理性经济人,具有不同的利益诉求,利益关系呈现复杂性特点。地方人民政府利益诉求:通过制定和出台法律和政策制度,实施宏观治理,协调多元主体之间利益冲突,推动产业学院治理体系和治理能力现代化,破解校企合作两层皮难题,为区域经济社会发展提供人才支持和智力支撑。职业院校利益诉求:通过与行业企业合作,弥补教学内容的滞后,减轻办学成本压力,提高人才培养质量,提升学校科研能力和服务企业的能力,实现人才培养供给侧与产业需求侧的无缝对接,增强学校办学实力和影响力。行业企业利益诉求:获得符合企业需求的优质人才。联合攻关解决企业遇到的技术难题,提高企业核心竞争力,从而提高企业经济效益。培训企业员工,提高员工素质。获得政府给予的政策性支持和税收优惠。承担社会责任,树立热心职业教育的良好形象。由于多元主体利益诉求不同,为了实现各自利益最大化,不可避免存在着冲突与博弈,对产业学院治理能力提出了挑战,如果无法协调利益冲突,会导致主体之间不能形成合力,不利于产业学院的顺利发展。

（四）治理体系和治理结构不健全

与传统办学模式相比，产业学院所具有的主体和产权多元化特点决定了其治理体系及治理结构更加复杂。但在办学实践中，产业学院存在着治理体系和治理结构不健全、不完善的问题。近年来，随着政府简政放权，公办职业院校办学自主权有了较大提高，但自上而下的行政化管理模式仍是主要的管理方式。与公办职业院校办学主体单一化不同，产业学院办学主体呈现多元化特点，由性质不同的法人主体共同组建而成。基于办学主体多元化，产业学院应采用多元共治的治理体系和治理结构。在治理过程中，产业学院治理的理想状态是多元主体平等自主协商，权利分配和谐，共享办学利益。但产业学院天然带有的公益性和营利性矛盾，混合所有制产业学院行政化管理和市场化运作如何达到平衡，既能使人才培养符合企业需求，又能使国有资产不受到侵蚀，是对产业学院治理的巨大考验。产业学院作为一种新的办学模式，法律规定较少，相关政策较为宏观，具体可操作的细则不足。并且多数产业学院不具有法人地位，很多公办职业院校仍将产业学院视为二级学院，作为职业院校的一个组成部分存在，按照以往的行政化管理模式管理，行政色彩浓厚；并且出于对国有资产流失的担心，管控过多、干涉过多，企业作为办学主体的作用被削弱，企业成了从属，只是起到协助作用，导致产业学院多元共治的治理结构不健全，资源共建共享机制、协调运行机制、评价监督机制和奖惩机制存在诸多问题，产业学院的理事会无法进行独立决策，市场化运作困难，企业的利益也难以获得长期保障，校企合作能力下降，背离了产业学院创办的初衷，阻碍了产业学院的发展。

（五）产权关系不明确

在产业学院办学过程中，校企双方都要投入一定的资产，学校提供教学场地、设施和师资等，企业提供设施设备、技术骨干和资金等。由于缺乏相应的法律依据，校企双方投入的资产在产权评估和界定方面存在诸多困难，除了有形资产外，社会的影响力、美誉度和品牌效应等无形资产的价值更是难以评估。产权流转是产业学院开展市场化运作的必经程序。由于职业教育领域产权市场发育不成熟，从而导致产权评估与界定实施困难，建立在产权评估和界定基础上的产权流转阻力重重。企业由于自负盈亏，故经营以获取利润最大化为最终目的。是否参加产业学院，投入多少成本，获得多少收益，企业必须权衡。产权评估和界定困难，产权关系不明确，产权流转难以实施，增加了企业投入成本沉没的风险。产业学院作为一种新型办学模式，具有混合所有制特点，资本多元化，导致财务管理更为复杂。产权关系不明确，财务管理制度不完善，会使产业学院的资金出现流失的现象，这些风险会严重影响企业参与产业学院办学的积极性。

（六）企业动力不足

为了充分鼓励企业参与产业学院办学，充分发挥企业的主体作用，推进产教实质融合,国家制定和出台了鼓励企业积极参与举办产业学院的系列政策,但在实际执行过程中,政策未落地,给予企业的支持和扶助不足。企业参与举办产业学院不仅需要法律和政策层面规定,还需要制定一系列配套制度,鼓励企业参与办学。但在办学实践中,配套制度仍不完善,如企业参与办学的进入和退出机制,不利于调动企业参与办学的积极性。产业学院是以资产为纽带的利益共同体,企业投入的资产形成了产业学院的教育资产,具有很强的专用性。资产专用性是指一项资产在不影响自身生产价值的基础上,可以被重新配置到其他替代性用途的程度,该程度越低,表明资产专用性越强。资产专用性越强,企业投入产业学院办学的总成本越大,资产被套牢的可能性也越大。在合作期间,企业希望资产保值增值,合作结束,企业希望资产处置合理,产业学院的资产合理使用和处置关系着企业参与产业学院的积极性。因此建立风险共担、规避资本风险的利益保障制度至关重要。目前,产业学院利益保障制度还需要进一步完善。

二、产业学院治理策略

由于产业学院办学主体多元化,尤其企业是重要办学主体,因此产业学院办学机制呈现公共机制、准公共机制和市场机制相互交织的特点,形成了产业学院内部治理更为复杂困难的局面。加强产业学院顶层设计,完善产业学院治理结构,建立规范有序的运行机制,实现治理体系和治理结构的现代化,是解决产业学院治理难题的有效途径,是推进产业学院发展的重要举措,职业教育集团的良好治理将助推产业学院实现更好更快的发展。

(一)制定和出台相关法律和政策

职业教育是跨界教育。产教融合、校企合作是我国职业教育的必经之路。新兴的产业学院是我国探索产教融合、校企合作的一个创新之举,在推进产教实质性融合方面迈出了一大步。但由于我国现行法律法规没有直接涉及产业学院的条文,未就法人地位、资产界定、产权保护和利益分配等做出法律规定,产业学院在实践中面临着办学独立自主性差、合作存在法律风险、企业积极性不高等问题,阻碍了产业学院的健康发展,不利于推进产教实质性融合。产业学院中学校部分由职业院校的二级学院构成,不具有法人地位,在产业学院治理过程中,由于缺乏办学的独立性和自主性,多沿用传统的行政管理思维和方式,相对保守和固化,而企业对市场有着灵敏的反应,双方在办学过程中由于管理思维和方式、公益性和营利性的价值取向不同,在决策、运行、监督等方面不能协同一致,导致产业学院多元治理未能达到预期目标。产业学院不具有独立法人地位,使得企业面临着较大的投资风险。产业学院不具有法人资格,无法独立承担民事责任,企业作为投资主体之一,需要对产业学院承担无限连带责任。由于产业学院资产多元化,不具有法人资格,无法明确产权关系,故无法保证企业保值增值。企业投资具有风险性,削弱了企业参与产业学院的积极性和主动性,表现在企业参与产业学院动力不足。

国家应该出台针对产业学院办学的专门法律法规和政策为产业学院建设保驾护航。一是国家立法确立产业学院独立法人地位，允许其注册为独立的法人，从法律层面保障产业学院办学的独立自主性，赋予其办学权、经营权和收益权，以提高人才培养质量为前提实施市场化运作。二是混合所有制产业学院建设是一项系统工程，涉及很多法律问题，例如，地方人民政府如何参与产业学院常态化建设、产业学院收益如何分配、企业如何有效参与运营、教师和学生权益如何保护等需要各级立法机关给予法律层面的规定，并对产业学院运作过程中遇到的新问题和新情况不断修订、增补相关法律规定，使得产业学院各项实践活动有法可依。三是产业学院主体和资产多元化，较之其他校企合作方式，具有特殊性和复杂性。国务院、教育部应就产业学院的治理体系建设出台规范性的指导意见，明确治理的发展方向和可行路径，避免产业学院治理中的乱象，实现善治。四是充分保护政府、职业院校、企业、教师、学生等利益相关者的合法权益，防止国有资产流失或企业和社会投入遭到非法侵害。

（二）建立健全治理体系和治理结构

20 世纪七八十年代，为了克服政府和市场的双重失灵，西方国家把目光转向治理理论。20 世纪 90 年代以来，治理理论成了国际学术界最前沿热门的研究主题，并被广泛应用于各个领域。多中心治理理论是重要治理理论之一，它主张通过多元协商、民主参与的公共管理范式实现公共的利益并促进其发展。多中心治理较之传统管理更具有包容性和开放性，能最大限度配置和使用社会资源。职业教育多中心治理是多中心治理理论在职业教育领域的应用和延伸。产业学院的投资主体多元化决定了办学主体多元化，产业学院的办学主体由地方人民政府、职业院校和行业企业等构成，多中心治理是产业学院的必然要求，因此，产业学院必须改变传统垄断式单一管理模式，建立现代化的治理结构，构建多中心治理机制体制。

一是完备章程等制度体系。完备的制度体系是治理活动顺利开展的重要保证。章程是产业学院办学的根本遵循与重要依据，是产业学院运行的顶层制度。制定和出台《理事会章程》，明确理事会架构、工作职责、议事决策机制、运行机制及各方的责权利。章程制定必须保证多元主体以平等身份共同参与，充分考虑相关利益者的合理诉求，最大程度激发多元主体参与产业学院办学的积极性。章程制定要维护程序正义。章程内容上，要体现产业学院的特色，制定符合产业学院现代化治理的运行规则，明确责权利与准入退出机制。严格落实章程，做到依章依规办事。根据发展出现的新问题、新情况，章程和其他制度应不断修订、完善。除了制定章程，还要制定与之配套的其他制度体系。坚持以制度和章程规范产业学院办学，以法治代替人治，保证各项活动有序开展。

二是建立理事会领导下的院长负责制。产业学院的理事会是决策机构，负责产业学院发展规划、人才培养、考核评价和利益分配等重大或重要事项。韩国私立大学法人理事会制度，可资借鉴。依据韩国《私立学校法》的规定，学校法人理事会具有审议和决议机能、业务委任机能、法人业务监督机能，对学校的财务预算、章程变更、人员任免等事项，具有决策权。理事会成员名额和投票权由出资比例决定，根据所有权和经营权分离的原则，理事会决定学院院长的选拔和任命。董事会下设专业建设委员会、教学指导委员会等组织机构，发挥教授治校、学术治校的作用。在理事会直接领导下，产业学院院长全面负责教育教学和行政管理工作。院长在人、财、物等方面拥有自主权，可按照市场化原则建立竞争性激励考核制度。董事会领导下的院长负责制体现了委托代理的基本思想。委托代理理论主张企业分离所有权和经营权，企业所有制保留剩余价值的索取权，经营权让渡他人运作，以有效激发企业经营者的经营动力，获得更好的经济效益。产业学院为多元主体构成，为了避免管理混乱，化解矛盾，实现有效治理，在董事会领导下，院长负责全面管理成为必然。

三是建立共享、共担、共赢机制。强化利益共享、责任共担、多方共赢，突出企业主体作用、发挥企业实践育人长处。校企双方共同制定人才培养方案、共同组建教师队伍、共同开发课程、共同建立技术创新平台、共同建设实训实习基地、共同开展考核评价等。例如，江苏海事职业技术学院与招商局金陵船舶（南京）有限公司联合成立金陵船舶职业学院。双方共同组建混合教师队伍，共同开展实船设计研究，合作开发项目化教材，共建综合性实训中心，联合开展现代学徒制培养项目等，学校为企业累计培训 600 余名员工。

四是提高信息化水平。2018 年教育部出台的《教育信息化 20 行动计划》提出了全面利用大数据提高教育管理的信息化水平，彰显了教育领域数字化治理的重要性。教育治理与决策有了数据驱动，如虎添翼，具有更强的精准性、科学性。产业学院由于其产权和主体多元化，在数据治理和信息共享方面更具有重要性和紧迫性。

五是建立监督和评价机制。治理的主旨是以平等对话方式协调多元主体利益冲突，实现善治。产业学院监督和评价必须充分考虑各利益相关主体的诉求，保障其知情权、参与权和监督权。监督和评价主体由地方人民政府、职业院校、合作企业、师生等构成，同时建立第三方评价制度，量化评价和质性评价相结合，形成多元化、立体式的监督评价机制，保证办学质量得到社会多方认可。

六是进行资产管理。第一，政府制定和出台产权管理办法，对产权界定、评估和流转做出规定。制定教育类资产价值评估的国家标准。定期清查产业学院的资产，以明确每项资产的由来。第二，产业学院完善财务管理制度，对产业学院的各项经营活动实施评估和监督，以减少产业学院的财务风险，提高自身的风险抵抗能力。第三，办学成本关系着企业是否参与产业学院办学。办学成本过高，超出企业的预算，会影响企业参与办学的积极性。建立成本核算制度，实施精细化、科学化的成本核算管理，把成本控制贯穿于学院建设每一环节，减少办学隐性成本。第四，降低企业投入资产的专用性。资产专用性关系着合作办学的总成本，专用性强意味着成本高，企业资产被套牢的可能性也越大。

（三）建立动态平衡机制

产业学院作为典型的利益相关者组织，是带有混合所有制属性的非营利性的组织，追求的是社会效益的最大化，同时满足利益相关者的利益诉求。明确角色定位和权力边界，建立动态平衡机制，化解利益主体冲突和责任交叉，实现产业学院善治，是产业学院治理的重要内容。

1. 明确角色定位和权力边界

（1）地方人民政府角色定位和权力边界。一是制定完备的法律法规体系。加快修订《职业教育法》，明确混合所有制产业学院的法律属性，赋予其独立法人地位，具有完全民事权利能力和民事行为能力，能独立承担民事法律责任。对产业学院重大事项要做出明确的法律规定，确保学校与企业的合作有法可依，为产业学院发展提供法律保障。要结合地方情况落实国家有关产业学院政策，配套制定操作性强的产业学院实施办法，为参与产业学院的企业提供税收、财政、贷款、用地等方面的优惠，加大产业学院办学的支持力度。二是政府简政放权，深入推进教育领域放管服改革实现政府推动、市场引导。适度赋权给学校、企业、市场，赋予产业学院更大的办学自主权，鼓励、支持职业院校积极探索混合所有制产业学院办学，激发学校办学的活力。三是落实企业主体办学地位。建立企业利益保障机制，调动企业参与产业学院的积极性和主动性。四是行业组织作为连接职业教育与企业的桥梁和纽带，在促进产业学院人才培养方面具有重要作用。地方人民政府应大力支持有条件的行业组织参与产业学院的工作。政府赋予行业组织部分权力，完善行业组织相关规章制度。在单个企业规模不大、用人需求不多的情况下，不局限于某个企业行业组织牵头成员单位培养和聘用订单学生，避免了个别企业经营变动导致不能履约的问题。根据企业提出的用人标准，行业组织参与产业学院教育教学改革。行业组织将行业发展动态信息提供给产业学院，帮助产业学院有针对性地培养技术技能人才。五是发挥舆论引导职能。利用电视、广播、报纸等传统媒介和网络媒体、手机媒体、数字电视等新兴媒体，共同宣传产业学院，增加民众对产业学院的了解。

（2）职业院校角色定位和权力边界。一是因地制宜，依托地方优势产业和重点产业，规划专业布局和专业人才培养结构，促进专业群与产业集群、产业链对接，为区域经济社会发展服务。二是在教育教学层面上，通过专业群与区域产业链（集群）发展的深度对接，从人才培养目标确立、人才培养方案制定、课程体系建设、教材编制、课程结构优化等方面引导行业企业深度参与，将行业企业最前沿的工艺、技术、标准等及时融入课程内容，实现课程内容始终对标生产一线，提高专业教学和人才培养的针对性与实效性。例如，深圳职业技术学院将把华为、平安、BYD等企业的技术标准转化为课程标准，进而形成教学资源，编写基于企业标准的系列教材（基于特色产业学院的校企双元育人模式探索）。三是优化双师队伍，积极探索校企人才双向流动机制，设置灵活的人事制度，利用挂职锻炼、项目合作、科技研发等方式，引进企业的优秀技术骨干、中高层管理人员、行业精英到学校担任兼职教师，与院校专业教师共同承担授课任务。四是完善实践教学体系，建立实践教学管理体制，充分利用双方资源优势，实现校企实训资源共建共享。五是建立技术创新平台，利用双方科研力量和科研设备，协同进行课题攻关，促进创新成果与核心技术产业化，服务区域发展和产业转型升级。

（3）企业角色定位和权力边界。一是企业为了提高人才培养的适用性，通过深度参与教育教学，依托企业资金、设备、人才、科研、信息等优势，共同组建双师队伍，提供真刀实枪的实习基地，使用真实生产线等环境开展浸润式实景、实操、实地教学，提高人才培养质量，实现人岗匹配，获得符合企业需求的高素质技术技能人才。二是企业自身的研发团队与学校的科研力量和科研设备联合开展技术攻关，开发新工艺、新产品、新技术，从而提高企业的核心竞争力。三是依托学校资源开展企业员工培训，提高人才竞争力。

2. 建立动态平衡机制

立德树人是产业学院的目的和归属，政府在治理过程中通过颁布法律、制定政策和投入经费等引导产业学院社会服务的主方向；职业院校在产业学院治理过程中要始终牢记办学宗旨，紧紧围绕育人这一核心，开展各项合作，避免产业学院忘记其办学的本质而沦为社会大批量制造人才的工厂，成为盈利的工具，切实保证学生学习、实习的合法权益；企业在治理过程中应具有强烈的社会责任意识，避免因追求利润最大化破坏了育人这一核心。围绕人才培养，基于主体的角色定位和权力边界合理分工，多方协同一致，群策群力，实现政府、职业院校、企业共同实施的多维治理的平衡生态。

参 考 文 献

[1] 中共中央关于全面深化改革若干重大问题的决定［Z］. 2013-11-15.

[2] 国务院. 关于加快发展现代职业教育的决定（国发〔2014〕19号）［Z］. 2014-06-22.

[3] 教育部. 现代职业教育体系建设规划（2014—2020年）［Z］. 2014-06-27.

[4] 国家教育体制改革领导小组办公室. 关于进一步落实和扩大高校办学自主权完善高校内部治理结构的意见（教改办〔2014〕2号）［Z］. 2014-07-08.

[5] 教育部. 关于深入推进教育管评办分离促进政府职能转变的若干意见（教政法〔2015〕5号）［Z］. 2015-05-04.

[6] 教育部. 职业院校管理水平提升行动计划（2015—2018）（教职成〔2015〕7号）［Z］. 2015-09-17.

[7] 教育部，财政部. 关于实施中国特色高水平高职学校和专业建设计划的实施意见（教职成〔2019〕5号）［Z］. 2019-01-05.

[8] 教育部等九部门. 职业教育提质培优行动计划（2020—2023年）［Z］. 2020-09-16.

[9] 方灿林. 在服务发展中深化产教融合［N］. 中国教育报（2019-04-23）第10版.

[10] 樊华. 省教育厅放管服改革促进学校自治［N］. 沈阳日报（2019-04-23）A02版.

[11] 国家中长期改革发展纲要（2010—2020）［Z］. 2010-07-29.

[12] 翟帆. 优质校建设，高职改革举起"新标杆"［N］. 中国教育报（2016-11-08）.

[13] 国务院. 关于加快发展现代职业教育的决定［Z］. 2014-06-22.

[14] 教育部. 高等职业教育创新发展行动计划（2015—2018年）［Z］. 2015-10-21.

[15] 辽宁省教育厅，财政厅. 关于开展高水平现代化高职院校和高水平特色专业群立项遴选工作的通知（2018-2020）［Z］. 2017-10-25.

[16] 董刚. 创新发展视域下高职优质校建设的若干思考［EB/OL］. http://www.360doc.com/content/18/0106/07/49165230_719461471.shtml.

[17] 管培俊. 大学内部治理结构：理念与方法［J］. 探索与争鸣，2018（6）：28-31.

[18] 邹兵. "双一流"背景下我国高校治理的优化路径［J］. 江苏高教，2018（1）：19-23.

[19] 周建松，陈正江. 高职院校治理体系现代化：理论意蕴与实现机制［J］. 现代教育管理，2016（7）：6-12.

[20] 庄西真. 职业教育治理主体及其权力关系分析［J］. 教育理论与实践，2016（28）：

7-11.

[21] 朱霁. 完善高校治理的路径探析 [J]. 宁波大学学报（教育科学版），2018（9）：85-90.

[22] 李玲玲，蔡三发. 基于章程文本分析的高校治理问题研究 [J]. 高教探索，2018（8）：14-19.

[23] 苏光鸿. 省域统筹下地方高校治理现代化体系建设的困境及破解路径 [J]. 湖北函授大学学报，2018（8）：59-60.

[24] 汪小明. 面向"互联网+"时代的现代高校治理 [J]. 中国成人教育，2018（17）：45-48.

[25] 潘虹. 现代大学制度视野下的高校治理结构 [J]. 教育评论，2015（2）：26-28.

[26] 高伟. 基于利益相关者视角的高校治理结构优化 [J]. 北京工业职业技术学院学报，2012（7）：114-118.

[27] 肖霞，肖波. 从资本权力到学术权力：民办高校治理体制改革探讨 [J]. 教育与职业，2018（23）：78-83.

[28] 张红峰. 英国宏观高等教育治理模式的思考 [J]. 中国高教研究，2013（3）：56-61.

[29] 王咏梅. 西方高校学术权力与行政权力制衡对我国高校治理的启示 [J]. 山西青年职业学院学报，2016（9）：98-100.

[30] 张天明. 转型与应对："应用"愿景下地方高校治理研究 [J]. 职业技术教育，2016（28）：22-27.

[31] 余华，彭程甸. 高校治理结构优化与治理阻力化解探析 [J]. 湖南科技学院学报，2017（1）：112-115，122.

[32] 孙华. 我国公立高等学校治理模式的嬗变 [J]. 辽宁教育行政学院学报，2010（5）：35-37.

[33] 万卫. 混合所有制职业院校治理的政府定位 [J]. 教育与职业，2018（12）：19-25.

[34] 潘姿曲，祁占勇. 改革开放四十年职业院校治理结构沿革、特点与展望 [J]. 教育与职业，2018（7）：46-51.

[35] 周建松，陈正江，吴国平. 关于高等职业院校治理体系建设的思考 [J]. 教育与职业，2016（8）：29-31.

[36] 马爱民，井大军，范功利. 现代职业院校治理体系和治理能力现代化研究 [J]. 辽宁高职学报，2016（7）：95-96/102.

[37] 吴学仕，马振，陈明辉. 利益相关者视域下职业院校治理结构探索 [J]. 2017（30）：44-48.

[38] 万卫. 混合所有制职业院校治理转型 [J]. 教育与职业，2017（6）：12-17.

[39] 董圣足. 混合所有制职业院校治理模式新探——以苏州工业园区职业技术学院为例 [J]. 江苏教育, 2015 (12): 26-30.

[40] 肖艳婷. 基于改革的高等职业院校治理思路探析 [J]. 职教论坛, 2016 (25): 45-48.

[41] 盖馥. 职业院校内部治理中权力的博弈分析与均衡解——基于演化博弈论的视角 [J]. 无锡职业技术学院学报, 2017 (3): 1-5.

[42] 盖馥. 现代职业院校治理结构优化的策略探索 [J]. 辽宁高职学报, 2015 (7): 4-6, 22.

[43] 盖馥. 从示范到优质: 高职院校内部治理观的嬗变与提升策略 [J]. 职教论坛, 2020 (2): 31-37.

[44] 盖馥. 省域职业教育体制机制灵活性评价的内在逻辑——基于协同论的视角 [J]. 现代教育管理 (核心), 2017 (1): 92-97.

[45] 梁丹. 利益相关论视角下高职院校外部治理探析 [J]. 辽宁高职学报, 2017 (10): 23-27.

[46] 张烁. 我国职业教育迈入高质量发展新阶段 [N]. 人民日报, 2020-12-09.

[47] 王莺洁. 高等职业院校多元主体协同育人机制研究 [D]. 南昌: 南昌大学, 2018: 20-21.

[48] 王玉龙, 刘晓. 职业教育集团化办学: 历史、现状与发展策略 [J]. 中国职业技术教育, 2014 (30): 62-66.

[49] 唐海滨. 企业集团与集团公司的区别与联系 [J]. 经济工作通讯, 1995 (13): 23-26.

[50] 廖忠梅. 职教集团利益相关者探析 [J]. 继续教育研究, 2009 (7): 166-168.

[51] 伍开昌. 扁平化网络化组织结构模式及其设计 [J]. 云南行政学院学报, 2003 (2): 45-47.

[52] 孙琳. 职业教育集团化办学实践的思考 [J]. 教育研究, 2007 (10): 62-66.

[53] 杨文杰, 范国睿. 突破藩篱: 高水平推进教育治理现代化的战略选择 [J]. 华东师范大学学报 (教育科学版), 2021 (08): 94-106.

[54] 戈弋, 高艳, 陈国刚, 等. 集团化背景下市域内专业教师实践能力提升的策略研究 [J]. 中国职业技术教育, 2020 (34): 71-74.

[55] G. Stoker. Governance as Theory: Five Propositions [J]. International Social Science Journal, 1998: 17-28.

[56] 俞可平. 全球治理引论 [J]. 马克思主义与现实, 2002 (2): 22.

[57] 全球治理委员会. 我们的全球伙伴关系 [M]. 牛津: 牛津大学出版社, 1995. 23.

[58] 邢晖, 郭静. 职业教育协同治理的基础、框架和路径 [J]. 国家教育行政学院学报

（京），2018（3）：91.

[59] [法] 皮埃尔·卡蓝默. 破碎的民主——试论治理的革命 [M]. 高凌瀚, 译. 北京: 生活·读书·新知三联书店, 2005.

[60] 肖凤翔, 邓小华. "多中心"理念下职业教育治理主体的角色定位——"中和位育"思想的启示 [J]. 高校教育管理, 2018（2）：66-73.

[61] [美] R. 爱德华·弗里曼 (R Edward Freeman). 战略管理：利益相关者方法 [M]. 王彦华, 梁豪, 译. 上海: 上海译文出版社, 2006.

[62] 黄琼, 张勇. 互益性组织助推产教融合——雷克兰社区学院整合利用资源的启示与借鉴 [J]. 湖北职业技术学院学报, 2015（4）：27-31.

[63] 张连绪, 王超辉. 高等职业教育财政拨款体制国际比较——基于对美国、芬兰及澳大利亚的分析 [J]. 职业技术教育（长春），2013（25）：90-93.

[64] 陈玺名, 肖凤翔. 协调校企合作的立法保障 [J]. 职教论坛, 2014（19）：78-82.

[65] 鲍勃·索杰普, 樊艳. 治理的兴起及其失败的风险：以经济发展为例 [J]. 国际社会科学杂志（中文版），2019（03）：52-67.

[66] 朱新洲, 银奕淇. 高等职业教育集团化办学可持续发展研究 [J]. 湖南社会科学, 2013（3）：167-169.

[67] 杨公安, 崔晓琳. 我国现代学徒制的制度缺失与制度变迁 [J]. 中国职业技术教育, 2017（24）：37-41.

[68] 关于征集培育一批产教融合型企业的公告：教职所〔2018〕145号 [A/OL]. [2018-09-30]. http://www.cvae.com.cn/zgzcw/tzgg/201809/462dc943f21b4e3c91b633c1dca3decc.shtml.

[69] 国务院. 国家职业教育改革实施方案（国发〔2019〕4号）[Z]. 2019-01-24.

[70] 张烁. 我国职业教育迈入高质量发展新阶段 [N]. 人民日报, 2020-12-09.

[71] 邓小华. 职业教育治理现代化的中国逻辑 [J]. 中国职业技术教育, 2019（10）：51-58.

[72] 刘立峰, 李孝更. 我国职业教育集团化办学的现状、问题与对策研究 [J]. 职业技术教育, 2020（36），46-52.

[73] 孙翠香. 新时代的新使命："产教融合"政策分析 [J]. 教育与职业, 2018（18）：11-17.

[74] 田志磊, 赵晓垩, 张东辉. 改革开放四十年职业教育财政回顾与展望 [J]. 教育经济评论, 2018（6）：73-90.

[75] 刘殿红, 徐龙海, 徐洪祥. 院校主导型职教集团内涵、特质与实体化运作路径研究 [J]. 中国职业技术教育, 2021（4）：87.

[76] Matthias Pilz. Vocational Education and Trainingin Times of Economic Crisis: Lessons from Around the World [M]. Springer, 2017: 8.

[77] 冉云芳,石伟平.企业参与职业院校实习是否获利?——基于109家企业的实证分析[J].华东师范大学学报(教育科学版),2020(1):43-59.

[78] 赵昕,高鸿.职业教育提质培优的根本保证:以制度建设为核心推进治理体系与治理能力现代化[J].职业技术教育,2020(36):12-17.

[79] 沈铭钟,沈建根,刘晓宁.我国职业教育集团发展的现状、问题与对策[J].中国职业技术教育,2014(36):40.

[80] 潘义勇.产权经济学[M].广州:暨南大学出版社,2008:36.

[81] 郭静.职业教育集团产权改革与实现形式[M].教育发展研究,2013(5):79.

[82] 董树功,艾颀.职教集团与产教融合型企业的关系及转化[J].教育与职业,2020(2):36-41.

[83] 郭静.职业教育集团产权改革与实现形式[M].教育发展研究,2013(5):79.

[84] 关晶.英国和德国现代学徒制的比较研究——基于制度互补性的视角[J].华东师范大学学报:教育科学版(沪),2017(1):39-46.

[85] 教育部.关于深入推进职业教育集团化办学的意见(教职成〔2015〕4号)[Z].2015-06-30.

[86] Rowley. Strategic Change in Colleges and Universities: Planning to Survive and Prosper [M]. San Francisco: Jossey-Bass Inc., Publishers, 1997.

[87] 杨春学.经纪人与社会秩序分析[M].上海:上海人民出版社,1998:45.

[88] 楚金华.云组织:职教集团的一种新型治理模式[J].现代教育管理,2016(8):104-110.

[89] 庄小将.高职院校校企合作影响因素实证研究[J].职业技术教育,2018(31):51-55.

[90] 本刊编辑部,深化产教融合笔谈会[J].中国职业技术教育,2018(1):22.

[91] 刘红叶.企业社会责任原理[M].北京:中国社会科学出版社,2015:23-24.

[92] 谢宇飞,张超.我国企业社会责任的研究现状分析[J].改革与开放,2015(24):60-61.

[93] 徐珍珍,刘晓.500强企业参与职业教育的社会责任调查——基于我国110家500强企业社会责任报告的面上分析[J].职教论坛,2015(13):55-59.

[94] 国家发展改革委,教育部.建设产教融合型企业实施办法(试行)[Z].2019-04-03.

[95] 许涛.职业教育集团化办学的理论分析与个案研究[D].上海:华东师范大学,2011:56-59.

[96] 道格拉斯·C.诺思.经济史中的结构与变迁[M].陈郁,罗华平,译.上海:上海三联书店、上海人民出版社,1994:225-226.

[97] 徐桂挺. 关于职业学校治理体系与治理能力建设的若干思考 [J]. 中国职业技术教育, 2014 (21): 169.

[98] 李拓. 制度执行力是治理现代化的关键 [J]. 国家行政学院学报, 2014 (6): 91-95.

[99] 褚宏启, 贾继娥. 教育治理中的多元主体及其作用互补 [J]. 教育发展研究, 2014 (19) 1-7.

[100] 施雪华, 张琴. 国外治理理论对中国国家治理体系和治理能力现代化的启示 [J]. 学术研究, 2014 (6): 31-36.

[101] 周家荣. 管评办分离背景下以教育标准促进教育评估发展 [J]. 现代教育管理, 2018 (7): 51-56.

[102] 梁卿. 职业教育第三方评价概念辨析 [J]. 职业技术教育, 2014 (13): 48.

[103] 段威, 李真. 烟台市职业教育集团化办学管理和运行机制实践 [J]. 职业技术教育, 2017 (1): 16-18.

[104] 陈劲, 吕文晶. 人工智能与新工科人才培养: 重大转向 [J]. 高等工程教育研究, 2017 (6): 18-23.

[105] 陈振明. 政府治理变革的技术基础——大数据与智能化时代的政府改革述评 [J]. 行政论坛, 2015 (6): 1-9.

[106] 陈潭等. 大数据时代的国家治理 [M]. 北京: 中国社会科学出版社, 2015: 48.

[107] 胡税根, 王汇宇. 智慧政府治理的概念、性质与功能分析 [J]. 厦门大学学报 (哲学社会科学版), 2017 (3): 99-106.

[108] 任友群. 以智慧校园支撑大学治理 [N]. 中国教育报, 2014-03-26 (11).

[109] 张俭民, 董泽芳. 大学生评教如何从失真到归真——基于巴纳德社会系统理论的视角 [J]. 教育发展研究, 2014 (14): 26-31.

[110] 赵忠见. 职业教育集团化办学治理机制的现实逻辑及完善路径 [J]. 教育与职业, 2018 (8): 26-31.

[111] 徐国庆. 我国职业教育现代学徒制构建中的关键问题 [J]. 华东师范大学学报 (教育科学版), 2017 (1): 33.

[112] 国务院办公厅关于深化高等学校创新创业教育改革的实施意见 (国办发〔2015〕36号) [Z]. 2015-05-13.

[113] 姜桂红. 产教融合视域下集团化办学运行机制研究 [J]. 辽宁高职学报, 2020 (06), 14-17.

[114] 中国教育科学研究院编写组. 职教改革成效显著, 吸引力稳步提升 [N]. 中国教育报, 2021-05-25 (版次: 05 版).

[115] 宋迎法, 张群. 网络治理探究: 溯源与展望 [J]. 云南行政学院学报, 2017 (07):

163-171.

[116] 周文涛. 职业教育集团多中心治理策略探究 [D]. 杭州：浙江工业大学，2016：12-14.

[117] 熊光清，熊健坤. 多中心协同治理模式：一种具备操作性的治理方案 [J]. 中国人民大学学报，2018（03）：145-152.

[118] 牛凤蕊. 多中心治理理论视域下高校治理结构现代化的价值意蕴与完善路径 [J]. 教育评论，2019（04）：8-11，134.

[119] 柴草. 多中心治理视野下的职业教育合作治理研究 [J]. 中国职业技术教育，2018（34）：61-67.

[120] 濮海慧，邓宏宝. 利益相关者视阈下我国现代职业教育治理结构研究 [J]. 中国职业技术教育，2017（12）：48-53.

[121] 黄音. 秦皇岛市旅游职业教育集团运行机制研究——基于利益相关者理论 [D]. 秦皇岛：河北科技师范学院，2013：10-13.

[122] 张少辉，林寿彤. 基于利益相关者的职业教育集团治理结构研究 [J]. 中国成人教育，2010（08）：29-30.

[123] 杨勇，孙淑萍. 基于人力资本理论的高职大学生就业能力提升策略 [J]. 中国职业技术教育，2016（32）：5-9.

[124] 邓小华. 论职业教育治理主体的资源依赖关系及保障机制 [J]. 河北师范大学学报（教育科学版），2016（04）：41-46.

[125] 黄官祝. 潍坊市职业教育集团化建设研究 [D]. 青岛：中国海洋大学，2012：20-22.

[126] 刘海霞，张继河. 不同主导实体视角下国外职业教育集团化办学的典型模式及经验借鉴 [J]. 教育与职业，2017（01）：37-41.

[127] 陈潇. 现代职业教育治理的政府责任研究 [D]. 天津：天津大学，2017：74-78.

[128] 亓婷婷. 德国职业教育立法中的企业角色研究 [D]. 天津：天津大学，2016：21-24.

[129] 中国职业技术教育学会. 全国职业教育集团化办学典型案例汇编 [M]. 北京：高等教育出版社，2017.

[130] 张彩娟. 丹麦与美国职业教育社会伙伴关系比较研究 [D]. 金华：浙江师范大学，2018：42-43.

[131] 李薪茹. 美国职业教育与产业协同发展研究 [D]. 太原：山西大学，2017：47-49.

[132] 石伟星. 美国职业教育发展中的制度创新研究 [D]. 沈阳：沈阳师范大学，2018：42-44.

[133] 赵鹤. 传承与重塑：英国现代学徒制研究 [D]. 武汉：华中师范大学，2017：

57-60.

[134] 秦丽娟. 澳大利亚职业教育校企合作保障机制研究 [D]. 重庆：西南大学，2013：37-39.

[135] 王丹. 澳大利亚维多利亚州职业教育行业参与模型研究 [D]. 成都：四川师范大学，2016：36-41.

[136] 刘海霞，张继河. 不同主导实体视角下国外职业教育集团化办学的典型模式及经验借鉴 [J]. 教育与职业，2017（01）：37-41.

[137] 韦进，何杨勇. 荷兰"行业指导企业参与"职教体系的特点分析及启示 [J]. 中国高教研究，2015（06）：106-110.

[138] 庄西真. 职业教育治理主体及其权力关系分析 [J]. 教育理论与实践，2016（28）：7-11.

[139] 赵帮华. 职业教育治理的缘起、实践困囿及推进路径 [J]. 职教论坛，2016（31），59-64.

[140] 周文涛，胡斌武. 职业教育集团治理：范畴、问题与策略 [J]. 中国职业技术教育，2015（36）：39-42.

[141] 朱国军. 治理理论视域下职业教育集团多元治理研究 [J]. 中国职业技术教育，2017（22）：46-49.

[142] 李明富，张燕. 地方政府推动职业院校和行业企业形成命运共同体的主体责任探析 [J]. 中国职业技术教育，2020（31）：73-78.

[143] 徐桂庭. 关于职业学校治理体系与治理能力建设的若干思考 [J]. 中国职业技术教育，2014（21）：166-170.

[144] 褚宏启，贾继娥. 教育治理中的多元主体及其作用互补 [J]. 教育发展研究，2014（19）：1-7.

[145] 孙长远. 我国政府的职业教育发展责任探究 [D]. 天津：天津大学，2017：99-103.

[146] 崔发周，田红磊. 基于非法人组织视角的职教集团基本特征与内部治理结构完善 [J]. 中国职业技术教育，2018（27）：26-30.

[147] 多淑杰. 我国企业参与职业教育的制度困境与突破——兼论德国现代学徒制发展与启示 [J]. 中国职业技术教育，2016（24）：5-10.

[148] 赵昕，高鸿. 职业教育提质培优的根本保证：以制度建设为核心推进治理体系与治理能力 [J]. 职业技术教育，2020（36）：12-17.

[149] 安培. 现代职业教育治理工具研究 [D]. 天津：天津大学，2019：87-89.

[150] 龚艳霞. 高职院校校企合作长效机制研究——以我国首批国家骨干院校为例 [D]. 长沙：湖南师范大学，2014：37-38.

[151] 陈德荣. 我国职教集团法律定位的现状、困境及完善 [J]. 教育与职业, 2019 (02): 32-38.

[152] 翁伟斌. 职业教育集团化办学的内部治理机制: 框架与推进路径 [J]. 中国高教研究, 2016 (05): 86-91.

[153] 段威, 李真. 烟台市职业教育集团化办学管理和运行机制实践 [J]. 职业技术教育, 2017 (02): 16-18.

[154] 吕向生, 董新民. 基于职教集团视角下校企"四融合"的研究与实践——以安商 AS·1980创客梦工场为例 [J]. 安徽职业技术学院学报, 2018 (03): 68-71.

[155] 杨海华. 基于治理理论的现代职业学校制度建设的探索 [J]. 中国职业技术教育, 2019 (34): 53-58.

[156] 李兆敏, 李朝伟. 治理视野下职教集团发展的困境与突破 [J]. 现代教育管理, 2018 (7): 95-99.

[157] 裴云. 非法人性质职教集团"权利让渡"研究 [J]. 职教通讯, 2019 (23): 1-7.

[158] 欧阳河, 戴春桃. 产教融合型企业的内涵、分类与特征初探 [J]. 中国职业技术教育, 2019 (24): 5-8.

[159] 徐承萍. 职业教育治理框架下职教集团发展路径选择 [J]. 职教论坛, 2020 (2): 12-16.

[160] 万的, 胡炜骏. 新时代职教集团化办学校企合作的典型问题与解决对策 [J]. 教育与职业, 2019 (23): 18-25.

[161] 王春娟. 职业教育集团化办学模式内部治理机制的逻辑起点、架构缺陷及推进路径 [J]. 中国职业技术教育, 2018 (32): 44-49.

[162] 刘晓宁. 职教集团资源共享的互动机制与进阶之径——以社会伙伴关系为视角 [J]. 职教通讯, 2019 (13): 1-6.

[163] 李青. 职业教育集团内部治理结构研究 [J]. 工会技术与职业教育, 2018 (12): 67-68, 72.

[164] 南旭光. 多元共治: 现代职业教育治理创新研究 [J]. 现代教育管理, 2017 (3): 90-95.

[165] 陈文珊, 蒋梦琪, 马骏. 职业教育治理框架下多元协同育人机制探索 [J]. 中国职业技术教育, 2020 (30): 87-90.

[166] 李宝银, 陈荔, 陈美荣. 转型发展中应用型本科院校产业学院建设探究 [J]. 教育评论, 2017 (12): 3-6.

[167] 教育部:《对十三届全国人大三次会议第3961号建议的答复》(教高建议〔2020〕357 [EB/OL]. http://www.moe.gov.cn/jyb_xxgk/xxgk_jyta/jyta_gaojiaosi/202011/t20201110_499203.html.

[168] 洪明. 英国终身学习的新变革——"产业大学"的理念与实践 [J]. 比较教育研究, 2001 (4): 18-22.

[169] 蔡军. 产学研培创: 五年制高职产业学院功能因素分析与建设路径研究 [J]. 江苏教育研究, 2021 (9): 54-58.

[170] 朱跃东. 高职混合所有制二级产业学院建设的实践之惑与应对之策 [J]. 中国职业技术教育, 2019 (1): 61-67.

[171] 郭雪松, 李胜祺. 混合所有制高职产业学院人才培养共同体建设 [J]. 教育与职业, 2020 (1): 20-27.

[172] 张雷生. 关于韩国高水平私立大学法人理事会的研究 [J]. 阅江学刊, 2015 (03): 89.

[173] 杨欣斌. 基于特色产业学院的校企双元育人模式探索 [J]. 中国职业技术教育, 2019 (31): 10-13.

[174] 余秀琴. 中国经济转型期职业教育集团化发展 [D]. 天津: 天津大学, 2009: 150-159.

[175] 林志鹏. 我国公共决策制度创新问题研究 [D]. 吉林大学, 2005: 30-62.

[176] 赵猛. 国际政治资源视角下的全球治理历史考察 [D]. 湘潭大学硕士论文, 2007: 16-22.

[177] 阳斌. 新时代中国共产党乡村治理研究 [D]. 成都: 西南交通大学, 2019: 35-37.

[178] 孙长远. 引导企业参与职业教育治理的路径选择——基于对国际经验的分析与思考 [J]. 河北师范大学学报 (教育科学版), 2018 (06): 69-74.

[179] 谢刚. 电子治理视角下的政府网站安全研究 [D]. 中国矿业大学, 2009: 21-28.

[180] 徐德香. 基于系统论的高职课程结构优化研究 [J]. 浙江师范大学学报, 2011: 26-28.

[181] 王昌友. 利益相关理论视域下高校高水平运动队市场开发的利益分配研究 [J]. 体育科技文献通报, 2015 (11): 22-24.

[182] 刘伟, 刘颖沙, 雷琼. 高职农产品质量检测专业"三对接、四融合"人才培养体系创新与实践 [J]. 农业工程, 2022 (05): 109-112.

[183] 陈茜. 德国双轨制职业教育对德国经济的影响及启示 [D]. 上海: 华东师范大学, 2016: 20-36.

[184] 杨丽波. 职业教育社会伙伴关系研究 [D]. 上海: 华东师范大学, 2012: 134-145.

[185] 刘艳珍. 德国职业教育的立法特点及其启示 [J]. 成人教育, 2009 (04): 86-87.

[186] 李卿. 澳大利亚TAFE学院质量保障体系研究 [D]. 上海: 东华理工大学, 2013: 22-30.

[187] 申彦彦. 激励雇主参与的英国学徒制改革研究 [D]. 长春: 东北师范大学, 2019:

41-49.

[188] 南霁航. 美国高等职业教育发展及对中国的启示 [D]. 长春：吉林大学, 2015: 29-39.

[189] 陈磊, 廖大凯. 职业教育集团化办学中政府角色的价值演化及优化路径 [J]. 职教通讯, 2018 (17): 7-12.

[190] 褚宏启, 贾继娥. 教育治理中的多元主体及其作用互补 [J]. 教育发展研究, 2014 (19): 1-7.

[191] 申建林, 姚晓强. 对治理理论的三种误读 [J]. 湖北社会科学, 2015 (02): 37-42.

[192] 熊光清. 治理理论在中国的发展与创新 [J]. 兰州学刊, 2018 (06): 5-14.

[193] 王姣姣, 肖毅. 我国职教集团高质量发展的对策研究——以天津市职教集团建设为例 [J]. 天津中德应用技术大学学报, 2022 (01): 12-18.

[194] 盘长丽. 职教集团主体及其组织架构研究——从法律视角分析 [J]. 继续教育研究, 2014 (02): 36-40.

[195] 崔巍, 潘奇. 产教融合型企业嵌入高职院校质量保证体系：时代选择、目标特征与嵌入路径 [J]. 中国职业技术教育, 2020 (36): 92-96.

[196] 张健. 论校企合作多元主体的治理 [J]. 中国职业技术教育, 2018 (18): 44-49.

[197] 荣琦. 转型背景下K集团产教融合职业培训体系构建 [D]. 昆明：云南师范大学, 2019.

[198] 刘庆标. 把准"四个特征" 科学推行新职教法 [J]. 湖北教育（政务宣传）, 2022 (05): 5-7, 11.

[199] 杜玉波. 学习贯彻新修订的职业教育法 努力开创职业教育发展新格局 [J]. 中国高等教育, 2022 (10): 22-25.

[200] 陈子季. 深入贯彻落实《职业教育法》依法推动职业教育高质量发展 [J]. 中国职业技术教育, 2022 (16): 5-12.

[201] 顾志祥. 产教融合型企业建设的政策演进与路径优化 [J]. 教育与职业, 2020 (14): 56-61.

[202] 郭建如. 企业在职业教育发展中的作用、责任与激励：基于新《职教法》的分析 [J]. 北京教育（高教）, 2022.

[203] 黄亚宇. 修订《职业教育法》为职业教育高质量发展提供法治保障 [J]. 职业技术教育, 2022 (12): 1.

[204] 顾志祥, 姜乐军. 产教融合型企业建设的困境与突破 [J]. 中国职业技术教育, 2020 (01): 62-66.

[205] 曲彤, 魏楠, 权欣雨, 等. 天津职教如何"长入"经济"融入"生活"深入"人心 [J]. 天津教育, 2022 (19): 16-19.

[206] 阙明坤，占丽，周瑜. 职业院校与行业企业推进命运共同体建设的掣肘因素及干预机制 [J]. 职业技术教育，2021（04）：30-34.

[207] 李适时. 民法总则是确立并完善民事基本制度的基本法律 [J]. 中国人大，2017（07）：15-17.

[208] 刘殿红，徐龙海，徐洪祥. 院校主导型职教集团内涵、特质与实体化运作路径研究 [J]. 中国职业技术教育，2021（04）：86-89.

[209] 李永军. 民事合伙的组织性质疑——兼评《民法总则》及《民法典各分编（草案）》相关规定 [J]. 法商研究，2019（02）：123-134.

[210] 李永军. 对我国民法上非法人组织概念的质疑 [J]. 比较法研究，2021（02）：25-37.

[211] 赵蒙成，王会亭. 我国行业协会参与职业教育的依据、问题与策略 [J]. 教育与职业，2016（01）：21-24.

[212] 李进. 职业教育集团成员单位利益诉求及治理逻辑探析 [J]. 职业技术教育，2016（06）：24-28.

[213] 陈友力. 职业教育集团化办学治理：基于学术资本主义的视角 [J]. 中国职业技术教育，2017（02）：42-46.

[214] 董树功，艾頔. 产教融合型企业：价值定位、运行机理与培育路径 [J]. 中国职业技术教育，2020（01）：56-61.

[215] 陈胜，王虹. 校企合作利益主体之间的权责关系及角色定位 [J]. 现代教育管理，2014（03）：82-86.

[216] 彭振宇，严薇. 产教深度融合下职教集团化办学机制探究 [J]. 中国高校科技，2014（10）：73-75.

[217] 王慧，周琳. 职业教育集团的发展历程、基本特征及未来路向 [J]. 中国职业技术教育，2022（13）：26-31.

[218] 邵国成. 中等职业学校内部治理能力建设路径 [J]. 中国职业技术教育，2019（28）：90-93.

[219] 王艳萍. 职教集团内部治理结构的发展路径研究 [J]. 湖北工业职业技术学院学报，2018（03）：15-19.

[220] 余荣宝. 职业教育集团治理结构现状、问题及对策——以湖北省为例 [J]. 襄阳职业技术学院学报，2015（06）：4-6，11.

[221] 刘瑞军，潘德文. 职业教育集团运行机制的现状及对策 [J]. 辽宁高职学报，2016（08）：1-2，14.

[222] 蔡晨晨，蒋承杰. 信息化背景下高职院校集团化办学管理机制研究 [J]. 中国职业技术教育，2017（10）：42-54，58.

[223] 翁伟斌. 教育现代化视域下地方政府发展职业教育的诉求与达成 [J]. 中国职业技术教育, 2021 (04): 64-65.

[224] 张培. 大数据智能化驱动职业教育治理: 学理逻辑、关键要素与路径设计 [J]. 职业技术教育, 2019 (19): 31-37.

[225] 丁建石. 职业教育第三方质量评价的相关法律政策梳理及完善策略 [J]. 中国职业技术教育, 2017 (26): 46-48.

[226] 范国睿, 杨文杰. 突破藩篱: 高水平推进教育治理现代化的战略选择 [J]. 华东师范大学学报（教育科学版）, 2021 (08): 94-106.

[227] 许跃, 郭静. 我国职业教育集团化办学的回顾与思考 [J]. 中国职业技术教育, 2017 (03): 92-96.

[228] 周春光, 周蒋浒. 高职教育校企文化融合探析 [J]. 职教论坛, 2019 (10): 138-142.

[229] 朱传福, 黄延平. 高职教育校企文化融合的错位、重构与对接 [J]. 职教论坛, 2018 (01): 158-162.

[230] 陈桂梅. 校企合作培育卓越复合型人才的实践路径研究 [J]. 中国职业技术教育, 2019 (04): 53-57.

[231] 刘赛. 国内高职教育校企文化融合研究现状及趋势 [J]. 科教导刊（中旬刊）, 2020 (20): 3-5.

[232] 肖化移, 李新生. 区域高等职业教育的产教融合: 内容体系与实现路径 [J]. 职业技术教育, 2021 (12): 21-25.

[233] 张雅, 夏金星. 高等职业教育品牌的内涵、构建机理和实施策略研究 [J]. 中国职业技术教育, 2018 (22): 55-58.

[234] 胡华. 工匠精神培育视域下高职院校人才培养研究 [J]. 无锡职业技术学院学报, 2018 (01): 11-14.

[235] 王志明, 赵璐. 现代学徒制背景下"职教梦"指导校园文化建设的研究 [J]. 天津中德应用技术大学学报, 2018 (02): 43-46.

[236] 刘瑞军, 姜桂红, 葛振萍. 依托集团化办学优势 创新现代学徒制人才培养模式 [J]. 大学教育, 2017 (07): 143-144.

[237] 吕向生, 赵本纲. 基于职教集团视角下校企"四融合"的探索 [J]. 辽宁高职学报, 2018 (04): 7-9.

[238] 张俊青, 彭朝晖. 职业教育集团治理结构建设的理性思考 [J]. 职教论坛, 2015 (34): 43-46.

[239] 单津辉, 刘南林. 职业教育集团化办学运行管理模式探析——基于复合型职业教育集团视角 [J]. 潍坊工程职业学院学报, 2017 (03): 18-22.

[240] 赵东明. 混合所有制型职业教育集团及治理体系构建研究 [J]. 天津职业大学学

报，2016（06）：3-6.

[241] 张晓琪，唐天国，王怀禹，等. "互联网+"背景下IT类专业学生创新创业教育模式研究［J］. 科教文汇（上旬刊），2017（10）：59-61.

[242] 崔炳辉. 职业教育集团化办学运行机制研究：现状、问题与对策——以江苏省高职教育集团化办学为例［J］. 职教论坛，2019（07）：142-147.

[243] 聂伟. 产业学院的理论认知和实践形塑［J］. 职教论坛，2021（07）：142-147.

[244] 张艳芳. 混合所有制产业学院的历史缘起、现实困境与未来展望［J］. 职业技术教育，2019（13）：40-44.

[245] 刘丹. 产业学院建设现状、内涵与意义分析［J］. 石家庄职业技术学院学报，2022（01）：15-19.

[246] 张艳芳，雷世平. 英国产业大学与我国产业学院的比较及启示［J］. 职业教育研究，2020（01）：85-90.

[247] 郑荣奕，蒋新革. 现代产业学院建设：发展历程、组织特征与改革路径［J］. 职业技术教育，2021（30）：14-19.

[248] 周红利，吴升刚. 高职院校产业学院的演化综述［J］. 中国职业技术教育，2021（18）：65-69，74.

[249] 王娜，高文英. 面向制造业的现代化产业学院人才培养模式探索与研究［J］. 科教文汇（中旬刊），2020（06）：4-5.

[250] 张艳芳. 关于高职混合所有制产业学院的思考［J］. 职业教育研究，2017（10）：15-19.

[251] 金劲彪，侯嘉淳，李继芳. 现代产业学院建设的法律风险与防范——基于江浙产业学院建设的实证分析［J］. 教育发展研究，2021（05）：20-27.

[252] 尹伟民，孙健，李德方. 职业院校产业学院的建设路径及保障研究——基于江苏省南京市的案例分析［J］. 中国职业技术教育，2021（25）：22-27.

[253] 张艳芳，雷世平. 论混合所有制产业学院的内涵、地位及属性［J］. 中国职业技术教育，2018（34）：50-55.

[254] 石建勋，卢丹宁，徐玲. 第四次全球产业链重构与中国产业链升级研究［J］. 财经问题研究，2022（04）：36-46.

[255] 蓝碧议，朱家奔. 产教融合视域下高职院校产业学院构建路径探究——以厦门南洋职业学院橱柜学院建设产业学院为例［J］. 机械职业教育，2021（10）：49-53.

[256] 高鸿，赵昕. 基于产业链与人才链深度融合的高职产业学院建设研究［J］. 职教论坛，2021（04）：33-38.